ANDRÉ GILL

VINGT ANNÉES

DE PARIS

AVEC UNE PRÉFACE

PAR

ALPHONSE DAUDET

PARIS

C. MARPON ET E. FLAMMARION

ÉDITEURS

26, RUE RACINE, PRÈS L'ODÉON

—

1883

Tous droits réservés.

VINGT ANNÉES DE PARIS

DU MÊME AUTEUR :

LA MUSE A BIBI

1 vol. in-16 elzévir illustré . . . . 2 fr.

PARIS. — IMP. C. MARPON ET E. FLAMMARION, RUE RACINE, 26.

PRÉFACE

PRÉFACE

Vingt ans de Paris!

Quelle rumeur dans ces quatre mots, quelle houle remuante et grondante d'hommes, de livres, d'aventures et d'idées, que d'amis perdus, de joies sombrées, d'engloutissements sans nom, effacés par le temps qui monte; et comme il faut qu'il ait la vie dure le souvenir qui tient debout sur ce cimetière d'épaves!

André Gill est pour moi un de ces souvenirs.

Je l'ai rencontré au bon moment, à l'heure fraîche des amitiés de jeunesse, quand la terre encore molle s'ouvre à toute semence, pour des moissons de tendresse et d'admiration. J'avais vingt-trois ans, lui guère davantage. J'étais campagnard à l'époque, campagnard de banlieue, hirsute, velu, chevelu, botté comme un tzigane, coiffé comme un tyrolien, logeant entre Clamart et Meudon, à la porte du bois. Nous vivions là quatre ou cinq dans des payotes, *Charles Bataille, Jean Duboys, Paul Arène*, qui encore ? On s'était réunis pour travailler, et l'on travaillait surtout à courir les routes forestières, cherchant des rimes fraîches et des champignons à gros pieds.

Entre temps une bordée sur Paris, toute la bande. Chaque fois la nuit nous surprenait, après l'heure des trains et des carrioles, attardés aux lumières des terrasses avant de nous lancer, bras dessus bras dessous et chantant des airs de Provence, dans le noir des mauvais chemins. On faisait tous les cafés de poètes ; et le pèlerinage finissait régulièrement au petit estaminet de Bobino, lequel *était alors l'arche d'alliance de tout ce qui rimait, peignait, cabotinait au quartier Latin. C'est à Bobino que j'ai fait la connaissance d'André Gill.*

Il déclamait debout sur une table, robuste et beau, les cheveux dans le gaz, au milieu d'un cercle de chopes. Sa voix de faubourg, un peu lourde, laissait tomber la rime et déhanchait la phrase qu'il dessinait d'un coup de pouce, en rapin. Après des vers de lui, délicats et spirituels, il dit de la prose de moi, une fantaisie parue la veille dans un journal et qu'il avait apprise. On est sensible à ces choses quand on débute, et de cette soirée on fut amis. D'abord de très près, puis avec des intermittences de rencontres, de grands espaces de silence, mais non d'oubli.

Les années filèrent, nous entraînant loin du carrefour où nos vies s'étaient mêlées. La mienne après bien des cahots avait marché droit à son but sur des rails solides ; la sienne continuait à s'égailler, à hue, à dia, brûlée à tous les becs de gaz, acclamée sur les tables de café dont il ne sut jamais descendre. Il venait rarement chez moi, malgré mes instances et le plaisir qu'on avait à le voir. En face d'une femme distinguée, je le sentais mal à l'aise, gêné par la pensée de sa vie et de ses habitudes ; on avait beau l'encourager, sa verve *ne dégelait pas, il restait timide, trop poli, ne savait ni entrer ni s'en aller, mangeait loin de la table, et souffrait d'ignorer, car il y avait en lui un singulier mélange de populacerie et de raffinement, de sang rouge et de sang bleu.*

Je l'aimais mieux rue d'Enfer, dans le délabrement de son vaste atelier meublé de deux chevalets et d'un trapèze. On était toujours sûr de trouver là un ramas de pauvres hères, des misères recueillies, de ces « âmes de poche » comme il y en a dans Tourgueneff et dont les loques résignées fumaient silencieusement autour du poêle. Tout en causant, Gill travaillait, ébauchait des toiles énormes pour des cadres géants que son rêve dépassait encore. Blasé sur ses succès de dessin et las de l'éternelle grimace des caricatures, il avait l'ambition d'être un grand peintre, marquait sa place très haut, entre Vollon et Courbet.

Se trompait-il ?... Je n'entends rien à la peinture et ne l'aime guère, — tant d'autres s'y connaissent et se pâment devant, par profession ! — Mais il me semble qu'André Gill avait ainsi que Doré la palette noire des crayonneurs. Son œil pris et comme hypnotisé par la ligne restait fermé à la couleur. En tout cas, ceux qui ouvriront son livre plein de pages exquises, chaudes de vérité et de bonté, s'assureront que le caricatu-

riste, tendre comme tous les grands railleurs, était un poète et un écrivain.

Les dernières fois où je le vis, il me paraissait triste et las, rebuté par la misère qu'il cachait fièrement. Tout à coup j'appris qu'il était à Charenton, bouclé. Ceux qui vivaient plus près de lui ne s'étonnèrent pas, m'a-t-on dit. Pour moi, ce fut une stupeur et une épouvante. Gill était le troisième de notre petite bande que la folie me prenait : Charles Bataille, Jean Duboys morts aux aliénés, presque sous mes yeux. Le courage me manqua pour aller voir celui-là. Je me raisonnais, je m'enchaînais par des rendez-vous, que je manquai *tous, obsédé par l'idée fixe du mal qui frappait autour de moi.*

Un jour, en sortant, je heurte sur le palier quelqu'un sonnant à ma porte :

« Tiens !... Gill !... »

Gill, maigri, des cheveux blancs, mais toujours beau, toujours son cordial sourire de grand enfant sensuel et bon.

« Je sors de Charenton... Je suis guéri... »

Et l'on descendit au Luxembourg. Comme il n'y avait plus de Bobino, on s'assit dans un petit café désert au milieu du jardin, à peu près à la place où l'on s'était connu. Il ne m'en voulait pas de n'être pas allé le voir.

« Bah!... pour les visites qu'on me faisait!... J'étais une curiosité, une chronique... un but de promenade et de friture au bord de l'eau... »

Puis il me parla de la maison de fous, très sensé, très calme, un peu trop convaincu seulement qu'il n'y avait pas un malade à Charenton, rien que des victimes. « On n'a pas idée des crimes qui se commettent dans cette boîte... Un beau livre à écrire... Si vous voulez, je vous donnerai des notes... » Et pendant une minute, la fixité de cet œil vert, sans pupille, m'inquiéta. Passant ensuite au motif qui l'amenait chez moi, il me demanda un titre et une préface pour un volume de souvenirs qu'il

*allait publier. Je lui donnai son titre,
— Vingt ans de Paris, — et lui promis
les quelques lignes d'en-tête dont il
croyait avoir besoin. Là-dessus nous
nous séparions, sans phrases, sur
une poignée de main qui ne mentait
pas.*

« — *A bientôt, Gill ?*

« — *Parbleu !* »

*Trois jours après, on le ramassait
sur une route de campagne, jeté en
travers d'un tas de pierres, l'épouvante dans les yeux, la bouche ouverte, le front vide, fou, refou.*

*Il y a des mois de cela; et depuis
des mois je cherche sa préface, je
lutte pour l'écrire contre le frisson qui
me fait tomber la plume des mains.*

Gill, mon ami, êtes-vous là ? M'entendez-vous ? Est-ce bien loin où vous êtes ?... Je vous jure que j'aurais voulu vous offrir quelque chose d'éloquent, une page bonne comme vous, généreuse, artiste, lumineuse, comme votre chère mémoire. J'ai essayé, je n'ai pas pu.

ALPHONSE DAUDET.

VINGT ANNÉES DE PARIS

HISTOIRE D'UN MELON

Par une belle matinée du mois d'août 1868, mon meilleur ami, celui qui partage exactement mes peines et mes joies, et, pour tout dire, mon linge aussi, était arrêté, à l'angle de la rue Vavin, en extase devant un melon.

Une outre de jus, un boulet de lumière ! un vrai chef-d'œuvre de l'été qui, près de là, dans sa chaleur exagérée et suprême, commençait de rouiller les feuillages du Luxembourg !

Il étalait, le fruit savoureux, son orgueil obèse au milieu de ses frères cantaloups, dans la paille dorée et rayonnante, rond comme un astre, ventru, vermeil, énorme et parfumé, la queue en vrille comme un cochon, ballonnant au soleil sa sphère aux côtes rebondies, avec la majesté d'une couronne d'empereur et la joie d'un turban de carnaval.

Mon ami, sans doute, avait vu bien d'autres cucurbitacés au cours de sa carrière sans en être ému. Celui-là fut une révélation. Peut-être aussi faut-il aux melons, comme à certains musiciens, plusieurs « auditions » pour être compris. Alors, ce fut l'audition décisive ; car, après quelques instants de contemplation, mon meilleur ami pénétra dans la boutique, y déposa, sur le comptoir, quelque menue monnaie, saisit l'objet de sa convoitise, et s'en fut radieux, par les rues, avec sa conquête.

Il faut connaître le vertueux, riant, clair, calme quartier de l'Observatoire, pour comprendre le plaisir infini de s'y promener avec un melon sous le bras. Je dis — avec un melon — parce que ce hors-d'œuvre (considéré par quelques-uns comme dessert) donne à celui qui le porte un air de bourgeoisie cossue, de citoyen qui « a de quoi », d'où il résulte, pour le promeneur, un certain aplomb, une recrudescence d'aise et de nonchalance heureuse dans la marche.

Mais, en résumé, le melon n'est pas indispensable.

Mon ami se promena donc tranquillement, humant la brise tiède, flânant aux enseignes, regardant les passants ; il se croisa peut-être avec M. Littré, qui a le bon goût de demeurer par là, peut-être avec Michelet, son voisin, lequel vivait encore ; avec Sainte-Beuve, lancé au trot derrière une fillette...

Puis, tout à coup, il se souvint que c'était mardi, qu'il avait à faire, comme chaque mardi, son dessin de *la Lune;* il s'élança vers son domicile.

Maintenant que je crois être reconnu, je reprends mon pronom personnel :

J'habitais alors la rue d'Assas, dans une maison en briques, un étage au-dessous du logement de Vallès, qui serait bien l'homme le plus tendre, le plus spirituel, le plus charmant et éloquent du monde, n'était la manie, qui le tient, de ne se croire à l'aise que dans la fumée des batailles ou la gueulée des faubourgs. On allait de l'un chez l'autre; on avait de grands rires, des espoirs fous; le soir, à la fenêtre, au ciel pâlissant, on regar-

dait devant soi, à l'angle de la maison Lahure, un grand mur de lierre où venaient se coucher les oiseaux. C'était le bon temps...
— Passons.

J'arrivai, avec mon melon, pour le moment du déjeuner. Nous nous trouvâmes trois, — peut-être quatre : la chanson des *Fraises, Mamzell' Thérèse,* avait déconsidéré le nombre trois. La table était dressée; mon acquisition eut les honneurs de la séance; et comme, entre soi, quand les nerfs sont détendus on est aise quelquefois de se laisser aller à la simplicité de l'esprit, comme les grosses plaisanteries sont, alors, les plus goûtées, tout le chapelet des niaiseries qui se peuvent dire, à propos d'un melon, fut égrené.

En fin de compte, on tomba d'accord qu'il fallait publier son portrait.

Le portrait du melon? Oui. — Dans le

journal? Parfaitement. Puisque la censure interdisait tout, puisqu'on ne pouvait plus rien risquer d'expressif, il fallait dessiner le melon. Cela ne voudrait rien dire.

— Qu'importe !

Et je le fis.

Les collectionneurs le retrouveront au n° 29 *bis* de la 1ʳᵉ année de *l'Éclipse*.

La Lune était *l'Éclipse* alors, ayant été, quelques mois auparavant, contrainte à s'*éclipser* par la jurisprudence de l'Empire.

Le dessin fut présenté, le lendemain, au ministère ; la Censure fut magnanime, l'autorisation de paraître fut accordée.

Mais, dès le surlendemain, nous recevions, au bureau de la publication, l'ordre de comparaître devant un juge d'instruction dont le nom m'échappe, — grand dommage ! La nouvelle de cette poursuite fit scandale.

Il se trouva, juste, dans toute la presse, un

seul être, depuis âme-damnée de Villemessant, pour ne pas nous défendre.

Nous étions accusés..... d'obscénité !

C'était raide ! On en parla huit jours ; et la fortune du dessin courut Paris, renforcée des mille quolibets de la foule, qui a sa façon de légiférer, elle aussi.

Comme le croquis ne représentait personne, il fut facile d'en appliquer l'intention à tout le monde, et chacun de son côté le fit pour « sa bête noire ».

Rochefort, dans une de ses *Lanternes*, y veut reconnaître Delesvaux, ce président de la 6ᵉ chambre, qui, après s'être concilié les faveurs de la cour par une série d'arrêts iniques, s'est enfin rendu bonne justice en se crevant d'excès.

M. Francisque Sarcey fit un bon article indigné et gaulois dont je le remercie encore. Et la poursuite fut abandonnée.

Voici comment :

Au jour indiqué par l'assignation, je me rendis chez le juge. Nous comptions bien sur le procès. N'avais-je pas déjà retenu, chez un fruitier, un autre melon que je devais présenter au tribunal, en arguant de mon innocence par la sienne?

Cela, peut-être, eût été joyeux. Il n'empêche, qu'à l'exemple de ce juste atterré sous l'accusation d'avoir volé les tours de Notre-Dame, j'étais mal à l'aise en grimpant les rigides escaliers de pierre et en enfilant les couloirs bourrus du Palais de Justice.

On me fit entrer, asseoir même dans le cabinet aux soupçons. Le greffier poussiéreux, raccorni, se tenait prêt à écrire. Le juge dont j'oublie le nom, l'homme de loi, le roi de pique, celui qu'on appelle David chez les tireuses de cartes, une tête pointue, l'œil

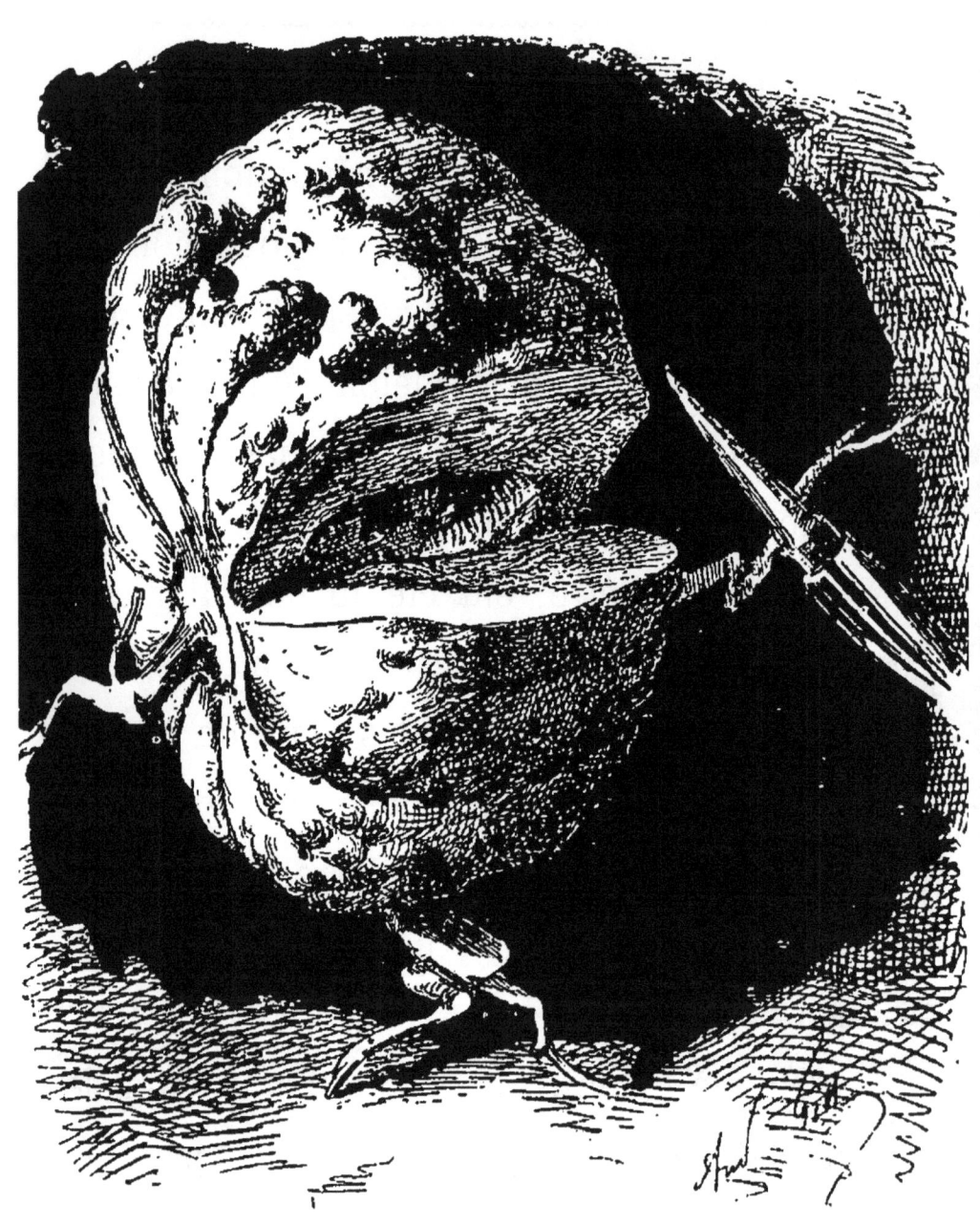

louche, figure biseautée, m'observait de coin : il m'interrogea tout à coup :

— Vous vous reconnaissez l'auteur d'un dessin représentant un melon, auquel il manque une tranche fuyant devant un crayon, et intitulé : M. X, deux points ?

Vous entendez, lecteurs ? X deux points, c'est-à-dire : X..., trois lettres, si l'on veut.

Deux points, trois points, je n'y saisissais nulle malice, et je ne sais pourquoi je répondis, pris d'un subit et providentiel souci de la minutieuse exactitude :

— Non, monsieur : X, trois points.

— Bah ! fit le magistrat.

Il reprit le journal, regarda.

— C'est vrai, dit-il ; vous pouvez vous retirer.

L'instruction était abandonnée ; Thémis, désarmée !

Comprenez-vous ? Moi, j'ai longtemps

cherché. — Accusation d'obscénité ? — A force de m'exercer à voir de l'œil du jurisconsulte de cette époque, à entrer, comme on dit, « dans la peau du bonhomme », j'ai fini par supposer vaguement !

Mais cela est tout à fait impossible à dire.

LE MUSÉE DU LUXEMBOURG

On parlait l'autre jour de supprimer le musée du Luxembourg, d'en bouleverser les salles et d'en arracher les tableaux, pour je ne sais quel aménagement sénatorial. Bon Dieu! Messieurs les sénateurs exigent-ils tant d'espace? Pour podagres et impotents que je les suppose, la plupart, il me reste néanmoins un vague espoir qu'on ne va pas installer un lit à baldaquin et machiné pour les infirmités de chacun d'eux.

Le Sénat, dont l'existence ne repose guère

que sur un pilotis de bâtons dans les roues de la République, voudra bien, pour cette fois, j'imagine, serrer ses augustes coudes et laisser vivre le Conservatoire de notre art moderne, le lieu d'étude et d'émulation de la jeune génération, statuaire et peintre, le musée du Luxembourg, une des grâces de la Rive Gauche.

Aisément je calcule de combien peu d'importance est mon impression personnelle, pour la chose publique ; mais je ne saurais, sans protester au nom de mes souvenirs, laisser consommer le sacrifice.

Du plus loin que je regarde en arrière, je vois mon grand-père me tenant par la main, tout petit enfant, bizarrement fagoté d'une pèlerine à carreaux rouges, d'une casquette à gland, et me traînant à travers les galeries, où son goût quelque peu suranné l'arrêtait en extase devant les tartines beurrées et confiturées des sous-élèves de David, les Lancrenon, les Mauzaisse, les Delorme; *Alphée et Aréthuse, le fleuve Scamandre, Hector reprochant à Pâris sa lâcheté*, puis encore devant les « navets » sculptés de MM. Bra et Brun.

Un peu plus tard, dès que j'avais un instant la libre disposition de mon jeune individu, j'y courais tout seul, à ce Musée qui m'enchantait. Je grimpais, timide, l'escalier de pierre; et souvent, le gardien-chef m'interdisait l'entrée. Alors je restais, le cœur gros, sur le palier, jusqu'à ce qu'un copiste, arrivant à son tour, me prît, souriant, par la main, et m'introduisît, sous le couvert de son autorité.

Qu'on m'excuse de parler tendrement de mon enfance. Il me paraît que ce bambin de huit ans, amoureux d'art, qu'une grande bête de gardien épouvante et fait reculer sur le seuil d'un musée public, est un tableau qui pourrait tenter la plume ou le crayon.

Plus tard encore, ainsi que tous les élèves des Beaux-Arts, j'ai fait là quelques ébauches de copies, dans le silence religieux du jour calme tombant en nappes égales des grandes baies du cintre ; avec la joie des croisées ouvertes au bout des salles sur les frondaisons ensoleillées du jardin, le sable d'or des allées, le rire et les jeux des enfants aux jambes nues, aux costumes bariolés.

Enfin, plus récemment, après que la guerre, proscrivant les tableaux, transformant en ambulance la galerie, en eut longtemps suspendu, sur des lits de mourants, les cadres vides, je l'ai ressuscité, ce musée du Luxembourg.

Et, tout à l'heure, en feuilletant le carnet de cette année-là — 1871 — n'ai-je pas retrouvé des rimes fanées ?

. . . .
O cher temps envolé! — Quand, la grille fermée,
Nous allions, tous les deux dans l'ombre parfumée,
Seuls maîtres des lilas; le doux silence... Rien
Que ma voix qui fredonne un menuet ancien
Et votre jeune rire égrené sous les arbres.
Nous allions, épelant, sur la blancheur des marbres,
Le nom de quelque reine au profil solennel,
Ou choisissant parfois un astre dans le ciel,
Et puis très curieux, ramenant de la nue
Nos regards, de trouver l'étoile devenue
Perle dans l'eau, parmi les duvets d'argent fin
Que les cygnes secouent sur l'onde du bassin.
. . . .
T'en souviens-tu ? — C'était du temps de la Commune.

On voit que j'étends à ma jeunesse la faveur réclamée pour mon enfance ; il faut passer quelque chose à un homme dont les cheveux commencent à grisonner, et dont le cœur se tourne déjà vers le passé.

Oui, le plaisir de parcourir le soir, après la retraite, le jardin paisible, débarrassé de la foule, c'était l'immunité de fonctions qui ont failli me coûter cher. Un groupe d'artistes, fidèles à Paris malgré le danger, soucieux de ses trésors artistiques, m'avait confié le soin de reconstituer le musée du Luxembourg, et de le garder.

Au reste je n'y ai point fait que de méchants vers, et, tandis que je me tiens par la main, j'aurai l'honneur de présenter au maître idéologue-peintre Chenavard le citoyen qui donna l'accès des galeries à sa *Divine Comédie*, aux trois portraits restauration de M. Ingres, aux *Armures* et aux *Poissons* de Vollon, à tant d'autres toiles méritantes, abandonnées jusqu'alors aux rats des greniers impériaux.

Quand j'arrivai sur le lieu de ma commission, le palais de Marie de Médicis était désert, dévasté; les appartements démeublés offraient, béantes aux regards, leurs solitudes grises de poussière. Quant au Musée, plus un tableau, plus un buste, je l'ait dit. L'ambulance était déménagée depuis longtemps; vide absolu. Les araignées filaient à l'aise.

Au rez-de-chaussée, dans l'aile de bâtiment qui contient aujourd'hui la sculpture, les gardiens familiers avaient imaginé, construit, consolidé maintes bicoques en planches, très propices à leur agrément domestique : un parfum de saucisses, de pommes de terre frites, circulait sous les voûtes : des tuyaux noirs de cuisine s'enfonçaient dans les pilastres corinthiens : c'était joli tout à fait ! La nourriture substantielle primant l'intellectuelle ; le ventre à la place du cerveau ; comble du naturalisme !

Il est vrai qu'un des fauteurs, houspillé pour cette débauche de *popotte*, me répondit : « Oh ! je ne fais la mienne qu'à l'huile ! »

On m'avait revêtu des « pouvoirs les plus complets » pour me substituer au conservateur officiel, M. de Tournemine. Je devais le remplacer partout, dans sa charge et dans ses appartements. Quand je lui rendis visite, et m'expliquai, il pâlit dans son fauteuil. Moi, j'étais debout, et je lui dis :

— Tranquillisez-vous, monsieur ; je passe et ne suis pas gênant ; ne dérangez rien à vos affaires ; il n'y a ici qu'un travailleur de plus qui vient vous aider.

Et alors, nous travaillâmes. Le bataillon des gardiens lava, frotta, épousseta ; les cadres enchâssèrent de nouveau leurs toiles, et la bonne odeur du vernis du Musée chassa les émanations pharmaceutiques de l'ambulance.

Tous les jours, avec un camarade que m'avait adjoint la commission, un statuaire dont les statues sont rares, — tes statues sont rares, mon vieux Jean ! — tous les jours nous allions explorer les hangars, les greniers du Louvre et du palais de l'Industrie, rapportant de nos investigations les marbres, les toiles qui pouvaient enrichir visiblement la collection publique. C'est ainsi qu'un merveilleux paysage de Courbet : *Sous Bois*, est entré au Luxembourg. Il est vrai qu'on l'en a fait ressortir depuis, afin de l'envoyer à l'impératrice. Pourquoi? je me le demande. Nous poussâmes la coquetterie jusqu'à rapporter, un jour, un paysage de M. de Tournemine lui-même. En dehors de ses attributions de conservateur, M. de Tournemine avait la spécialité des éléphants peints sur ciels orange.

Une galerie de bois, construite sur le double pont qui relie les ailes du palais faisant face à la rue de Tournon, fournit l'emplacement nécessaire au regain de collection.

Enfin le musée de sculpture, supprimé depuis des années, fut réinstallé sous les arceaux du rez-de-chaussée. Il y est encore.

Les journées de Mai arrivèrent avec la fin

de nos travaux. Je me rappelle mon dernier jour de présence.

Les gardiens, massés en un coin de la galerie principale, se croisaient les bras. Je les priai de continuer leur besogne qui était d'accrocher des tableaux.

— Eh! monsieur, s'écria l'un, on se bat à cinq cents pas d'ici!

— Eh bien! accrochons pour les vainqueurs.

M. de Tournemine, qui survenait, fut de mon avis : on se remit à l'ouvrage. C'était le mardi ou le mercredi..

Vers quatre heures, le bruit de bataille du dehors approchant, vers quatre heures, — ici je ne puis m'empêcher de sourire, — il me vint une vague idée que, peut-être, j'avais tournure de héros : *Impavidum!*

Il faut que je l'avoue : un diable est en moi qui me pousse à cambrer la taille dans les situations tendues. Nombre de timides, à ma façon, que je connais, ont au corps un diable pareil, et mourant d'effroi de paraître gauches, développent, aux instants délicats, les attitudes monumentales et harmonieuses des marbres grecs. Ils en tirent le juste bénéfice; toute la vie, on les appelle : *poseurs*.

Je fis donc trois pas vers le groupe des gardiens, et, tirant de ma poche une pièce de cinq francs, des deux qui composaient mon avoir, — voyez l'opulence ! — je la leur offris en disant :

— Citoyens, nous ne nous reverrons plus sans doute ; acceptez ceci pour boire à la santé de la République.

C'était ridicule probablement. Il n'en parut pas ainsi. Et M. de Tournemine, me serrant très cordialement la main, m'affirma « qu'il garderait, quoi qu'il arrivât, le souvenir d'avoir vécu quelque temps en compagnie d'un parfait gentilhomme. » — Je cite le texte.

Et je partis ; je ne l'ai point revu. Un fantaisiste quelconque a, depuis, voulu faire entendre qu'avant de mourir, M. de Tournemine se serait plaint de tourments endurés pendant la Commune. Cela n'est pas vrai ; M. de Tournemine n'a pas menti.

Je reviens à mon vœu. On m'a demandé mes notes personnelles ; je les donne bénévolement, sans m'inquiéter fort de l'intérêt qu'elles peuvent avoir ; mais ce qui est, à coup sûr, intéressant, c'est la conservation du musée du Luxembourg et son maintien à la place qu'il occupe, dans le quartier des Écoles de l'Avenir.

On a proposé de le transporter sur l'autre rive ; jamais ! Il me paraît aussi nécessaire au début, au développement des esprits, que les Écoles de droit ou de médecine, étant lui-même un foyer d'étude et d'espérance, une oasis pour le rêve aux jours de lutte ou de sombre hiver. Et si les « jeunes » manquent à cette heure de générosité, de sève, d'élan : s'ils s'attardent aux brasseries, s'épuisent en des plaisirs énervants, n'en pourrait-on attribuer quelque peu la cause à cette dévastation progressive du champ de leur éducation ?

Pour ne parler que du Luxembourg, n'est-ce pas assez que la guerre en ait fait à peu près chauve le jardin ? N'est-ce pas trop que l'Empire, en sa fièvre de spéculation, en ait détruit sa poésie, la Pépinière, ce coin de paradis des rêveurs, aux méandres parfumés, aux parterres encombrés du fouillis des roses, où le printemps, chaque année, ramenait les fronts studieux à l'ombre des lilas nouveaux ? Héritage embaumé et charmant, sacré par l'étude et l'amour des aînés, qu'es-tu devenu ?

La génération nouvelle n'est-elle pas assez dépossédée ? Faut-il qu'on lui enlève encore l'échantillon d'art, le coin de récréation qui lui reste ?

Holà ! Jeunesse, on te dépouille. Défends ton Musée.

JULES VALLÈS

> C'est bien là ma mine bourrue,
> Qui, dans un salon ferait peur,
> Mais qui, peut-être, dans la rue,
> Plairait à la foule en fureur.
> e suis l'ami du pauvre hère
> Qui, dans l'ombre, a faim, froid, sommeil,
> Comment, artiste, as-tu pu faire
> Mon portrait avec du soleil?
> JULES VALLÈS, *au bas de sa photographie.*

N voilà un que j'aime de tout mon cœur, et que je vais désoler en disant le bien que je pense de lui.

La vérité avant tout : Vallès a le caractère le plus jeune, le plus gai, le plus émerveillé que je connaisse. Ajoutez à cela une santé inébranlable. Il se battrait, peut-être encore, avec acharnement, pour le sourire en coulisse d'une danseuse de corde; et, pour ma part, je l'en félicite. Mais lui, n'aime pas qu'on le sache.

Avec sa chevelure hérissée et rebelle, sa barbe bourrue et retroussée, — barbe et cheveux blancs aujourd'hui, luisants et noirs, jadis, comme charbon de terre, — avec ses yeux hardis, ronds sous les rudes sourcils, son nez coupé court, retroussé, aux narines de dogue ou de Socrate, les trente-deux dents étincelantes rangées sous le pli dédaigneux et amer de sa lèvre, avec tout son masque heurté, aux plans durs, qui semble avoir été martelé par quelque tailleur de fer, en son pays d'Auvergne; avec, surtout, sa voix de cuivre, amoureuse de tempête, et le roulis farouche de son allure, il s'est fait, autrefois, une renommée de casse-cou, d'exalté violent, dur à cuir.

C'est son premier succès, son succès de jeunesse; il y tient.

Et, soigneusement toujours, il a défendu, de la retouche et de l'altération, cette extravagante contrefaçon de sa propre physionomie, où, depuis vingt ans, le public le voit grinçant de la mâchoire, et rageusement campé devant la société.

Moi-même, pour complaire à sa manie bien plus qu'à mon sentiment, ne l'ai-je pas caricaturé en chien crotté, lugubre, traînant, à la queue, une casserole bossuée et retentissante ?

*
* *

— J'ai un cou d'athlète, un cou d'Auvergnat, répétait-il souvent; les gens qui ont, comme moi, un cou de taureau...

Je regardai, un jour, ce cou fameux, et, saisi de franchise :

— Vous avez un petit cou, lui dis-je.

Il y eut un silence de quelques secondes ; puis Vallès répondit :

— Oui, j'ai un petit cou !

Mais j'avais vu flamber son regard : il était vexé.

Tout le faible de Vallès est là.

Pour ma part, j'aime en lui jusqu'à cet enfantillage persistant de son héroïque désir, lequel ne peut s'accommoder, pour enveloppe, de la taille modeste et de la musculature moins terrifiante que frêle qui lui sont dévolues.

Quand je le rencontrai pour la première fois, il fendait l'espace, en compagnie de Daniel Lévy, son associé d'une heure : secouant une canne énorme, il arpentait le boulevard Montmartre; les pans d'une redingote, allongée démesurément sur commande, flottaient derrière lui ; un chapeau vertigineux, élancé de sa tête, menaçait le ciel...

— Il est un peu haut, lui dis-je.

— Jamais trop haut, me cria-t-il, jamais ! pour un chapeau d'ambitieux.

A cette époque, il avait déjà fait les *Réfractaires*, ce chef-d'œuvre de style, d'ironie et de sensibilité. Il venait de terminer, à l'*Événement*, une série d'articles émus, intimes, de souvenirs, de paysages, dont les merveilleuses qualités de nature, de parfum, de goût et d'élévation s'étaient trouvées peu accessibles au public des journaux, et avaient dû s'interrompre pour céder la place aux chroniques boulevardières.

Ces miettes d'un art sans précédent jusqu'alors ont été recueillies et publiées sous ce titre : *la Rue*, en un volume devenu introuvable, et dont je regrette fort qu'on n'ait point fait de nouvelles éditions.

Les favorisés qui en possèdent un exemplaire savent de quelle manière exquise et pénétrante cet orageux Vallès entend et fait entendre la chanson des bois, des champs, *Mai*, *la Lessive*, *la Rue de province*, les grands peupliers droits à l'entrée de son village !...

J'avais dévoré le livre ; je rencontrai l'auteur : son aspect, rébarbatif à d'autres, m'apparaissait absolument joyeux et séduisant.

Je me sentis invinciblement poussé vers lui, comme je l'avais été, quelques jours auparavant, vers Alphonse Daudet, quand celui-ci m'était apparu au café de Bobino, jeune, radieux, tout poudré de la farine parfumée de son *Moulin*.

Impressions lointaines qui me sont restées fidèles. Ces deux artistes, ces deux hommes, si différents, sont demeurés pour moi l'objet d'une égale et tendre admiration.

* * *

Vallès vint loger, rue d'Assas, en la maison de briques dont j'ai parlé déjà, où se sont écoulées les heures de ma vie les meilleures ; c'est là que j'ai pu apprécier ce poète, ce rêveur sensible et vaillant, avec sa belle verve éternelle, son intarissable gaieté.

Pour la première fois, en ce moment, paraissait *la Rue*, son journal, qu'il a refait et refera, toujours sous ce titre : *la Rue*, qui lui est cher : — une feuille fantaisiste plus fournie d'audace et d'humour que de numéraire. Aussi bien la *cuisine* en était-elle curieuse à observer, chez Cadart d'abord, dans les salles d'exposition ; plus tard, rue Drouot, dans le fond d'une arrière-boutique abandonnée.

C'était une vaste table en bois blanc, où traînaient, pêle-mêle, manuscrits et cornets de *frites*, aliments confondus de l'esprit et du corps, quelques chaises dépaillées, nombre de cannes, deux ou trois placards violents, piqués d'épingles au mur; et, debout, scandant ses éloquences du poing, Vallès déclamant, ricanant, dictant ses articles, chauffant ses collaborateurs, distribuant la besogne, corrigeant les épreuves. — Une activité furieuse et jamais lassée; des feux d'artifice de saillies, de paradoxes, des fusées de blague, des pétards d'indignation, des chandelles romaines d'enthousiasme; et toujours du talent, une grande forme hardie, latine, bien moderne cependant, lyrique... et, j'ajoute pour l'agacer, romantique.

On rencontrait là des compagnons dont les noms, accouplés, jurent à cette heure :

Maroteau et Magnard, Francis Enne, Albert

Brun, Puissant, Pipe-en-bois, Bellanger et d'autres.

Dans les après-midi de repos, rares d'ailleurs, on partait en expédition pour quelque campagne *extra muros*, à Belleville ou Charenton, le plus souvent aux mornes plaines chauves de la Glacière, le long du cours sinueux et savonneux de la Bièvre. Je vois encore mon ami, son geste découpé sur le ciel ; j'entends sa voix, la brise qui, au-dessus de nos têtes, faisait fâcher les feuilles, le petit bruit doux et triste de la rivière.

On allait ainsi jusqu'à l'humble auberge où sont la table verte au plein air, le vin bleu. — *Avancez les lamentables !* — On invitait un pauvre.

Puis *la Rue* offusqua l'Empire ; elle fut étranglée. Et, vers le même temps, Vallès alla percher plus bas dans Paris, rue de Tournon, un étage au-dessous de cet aventureux et charmant illuminé, le capitaine Lambert, qui, certainement, aurait franchi le pôle, comme il l'avait promis, si la destinée, brusquement, ne l'eût couché, criblé de balles, dans une capote de simple soldat, devant les murs tragiques de Buzenval.

Mes relations avec Vallès devinrent plus rares; je le rencontrai moins souvent. Il était tout entier repris par ses préoccupations politiques, lesquelles m'ont toujours navré.

Il me convient, toutefois, de rappeler ici le grotesque soupçon qu'on a voulu faire peser sur sa vie, à ce moment. Le mot de police a été prononcé : agent provocateur, a-t-on dit, je crois. Pour qui connaît, de Vallès, la hautaine inflexibilité du caractère, c'était une accusation absurde, à ce point que je n'en ai jamais voulu connaître la teneur précise.

.
* *

A présent, je le perds de vue presque complètement jusqu'au siège, où je le retrouve commandant un bataillon de Ménilmontant, qu'il menait jouer au bouchon, comme les autres, sur le glacis. J'allai voir ses galons et son sabre.

Mais ce harnachement platonique l'ennuyait probablement; il rêvait mieux; car, au 31 octobre, il est cassé, poursuivi. Bientôt je le vois revenir, par les rues encombrées de neige, effacées dans l'ouate brumeuse du ciel d'hiver, que refoule, sans cesse, le canon prussien.

Des soirs, en cachette, il vient partager sa bûche de bois et son pain de paille en **mon** logis.

Que de fois encore, là, du coin de la cheminée maussade, il nous emporte, oublieux, sur l'aile de sa parole ardente, imagée, au delà des remparts, de l'ennemi, de la saison, de l'angoisse, en des lointains verdoyants, fleuris de ses souvenirs !

Cependant, les jours terribles se suivent. On meurt de faim, on meurt de froid; on ne se plaint pas. Mais la lutte est terminée : vaine espérance, adieu ! Voici l'armistice, la honte, — ô douleur !

Et voici la Commune !.....

*
* *

Il ne m'appartient pas de préciser le rôle que Vallès a joué dans cette folie effrayante. Je m'en suis peu soucié.

On m'a dit qu'après l'affaire de Châtillon, la mort de Duval, il avait protégé de la foule, sauvé les gendarmes qu'on ramenait prisonniers. Je sais qu'il a été condamné, surtout pour une phrase qu'il n'a ni conseillée ni écrite; puis encore, une farce au ministère de l'instruction publique, où il décréta, pour rire :

Art. 1ᵉʳ. — L'orthographe est abolie.

Je n'en sais pas plus long. Je ne le vis qu'une fois en ces temps funestes :

Il marchait dans les rangs, un rouleau de papier sous le bras, derrière la manifestation, en cortège, des francs-maçons, chamarrés de symboles, qui s'en allaient parlementer, du côté de Versailles.

— Et vous? lui dis-je en m'approchant, vous n'avez donc pas une écharpe rouge ?

— Ne m'en parlez pas; je n'ose la mettre, elle me donne l'air d'un singe. — Elle est là.

— Sous votre bras? dans ce papier?

— Oui; comme un homard !

*
* *

Vallès est, depuis neuf ans, sur la terre

d'exil. Sa tête est blanche. Toujours vigoureux et vert, son robuste talent inscrit, parfois, dans nos journaux, sa marque léonine. Faut-il révéler le secret de Polichinelle, dire que c'est lui-même qui signe *Jacques Vingtras* ?

Il vit de plus en plus seul, regardant les autres, tour à tour, reprendre le chemin de la Patrie. A Londres, le plus souvent; par échappées, à Bruxelles, qui lui rappelle mieux Paris, il reçoit la visite d'une amie qui, aux jours d'effroyable danger, l'a suivi partout, l'exhortant, le conjurant de vivre, voulant le sauvegarder ; — mais je m'arrête, craignant d'effleurer la délicatesse d'une modestie héroïque, de manquer, par la moindre indiscrétion, au profond respect que j'éprouve devant cette noble figure du dévouement.

⁎
⁎ ⁎

Quant aux capacités politiques de Vallès,

je les ignore. Elle ne sauraient prévaloir, à mes yeux, sur sa gloire littéraire. Je le voudrais ici, tout simplement, faisant ce qu'il peut faire, étant ce qu'il doit être, ce que Philarète Chasles, rouvrant son cours, après les journées de Mai, n'a pas craint de proclamer en pleine chaire de littérature : « Un des maîtres de la langue française ! »

FEU LE BŒUF-GRAS

UE vont devenir les ambitieux, à cette heure où il n'y a plus de bœuf-gras? Car Monselet l'a dit :

>Et l'on n'a pas été grand'chose
>Quand on n'a pas été bœuf-gras.

Il est vrai que par la cherté des vivres qui se payent, et la froidure des temps qui courent, une des sept vaches maigres du Pharaon symboliserait mieux la situation. C'est égal : on peut regretter le bœuf-gras. Il était un prétexte à la joie, une tradition gauloise, un divertissement de « haulte graisse », éclatant et sonore, chassant l'ennui devant ses paillons et ses fanfares, un exutoire à la glaudissante furie populaire; et, n'en déplaise aux Spartiates modernes, je crois que la santé des peuples, comme celle des hommes, ne va guère sans rire.

Au reste, ce que j'en dis n'est pas pour exprimer un souci personnel. Le bœuf-gras légendaire m'a comblé pour ma part. J'en ai eu tout mon compte; mieux encore : je l'ai été.

Adsum! Ami des bœufs-gras, bœuf-gras moi-même. Je le fus en 1866 ou 67; consultez les archives du Carnaval. Je n'en conclurai point, selon le mot du plus aimable des lettrés, que cette prérogative ait le moins du monde « agrandi ma chose ». On le verra tout à l'heure!

En dehors du lustre, au moins momentané, requis des prétendants, l'honneur d'être bœuf-gras ne vous arrive pas tout décerné dans le gilet. C'est comme la croix d'honneur, cela se demande ; et François Polo, fondateur de *la Lune*, l'avait demandé pour son journal qui, je pense, était un peu moi-même. Ayant obtenu ce comble de faveur, il me pria de choisir mon bœuf, et j'allai voir l'acquéreur.

L'acquéreur des bœufs-gras, cette année-là, c'était Fléchelle, Achille Fléchelle, « le bouillant Achille », comme il dit lui-même, aujourd'hui retiré des affaires, ex-boucher de l'empereur.

Les habitués du café des Bouffes l'ont connu. Dans ces derniers temps, il aimait peu parler de politique ; mais fidèle à son client déboulonné, quand Daubray lui lançait des pointes, il se contentait de grogner, moitié figue, moitié raisin, avec un rire entrelardé :

— L'empereur, c'est mon ami ; eh ! là-bas, petit, faut pas le débiner !... sans ça... pfwittt ! ah ! chaleur !...

Et son bras court et gros, fendant l'espace, entaillait un gigot imaginaire.

Au demeurant, jovial et bon enfant ; trinquant à la ronde.

La surveille des jours gras, j'allai donc voir Fléchelle ; et, en arrivant à l'angle du carrefour Gaillon, où prospérait son commerce, je vis un tableau rutilant de couleur, qui pourrait s'intituler : *Madame la Bouchère*, et que je recommande aux réalistes :

Une très jolie femme, adorablement vêtue de soie et de velours aux tons chatoyants et clairs, franchissait le seuil de la boutique encadré de viandes. Autour de son chapeau léger où flottait une plume, et de sa mante aux reflets mordorés, se découpaient les gigantesques moitiés de bœufs entremêlant à la pourpre de leur chair de larges bandes de gras jaune. Ce qu'il aurait fallu, pour peindre cela, de tubes de blanc d'argent, de laque, de garance et de cadmium, est réjouissant à calculer.

C'était Mme Fléchelle qui partait chez le maréchal Vaillant, pour y arrêter, sous son approbation, l'itinéraire du cortège des bœufs-gras.

Je m'effaçai devant elle, puis, à mon tour, franchis la porte de beefsteacks, et pénétrai dans le charnier où je trouvai le patron officiant lui-même, en grand tablier blanc, le « fusil » au poing.

Comme tous les fournisseurs des Tuileries, en ce temps, Fléchelle, tête à *rouflaquettes*, à barbiche, à moustaches, faisait ses efforts pour copier le masque impérial ; je dois à la vérité de dire qu'il était mieux : l'œil plus vif, le teint plus clair.

Il me reçut avec de vigoureuses démonstrations de belle humeur, et me donna l'adresse de ses bœufs, pour y aller faire mon choix : — au Jardin d'acclimatation.

Ce fut l'affaire d'un fiacre.

Au retour, comme je lui dénonçais ma préférence pour un vaste animal aux puissantes cornes, dont le blanc pelage me paraissait en harmonie avec le titre du journal : *la Lune*, le maître boucher fut pris, dans son antre, d'une allégresse infinie ; il bondissait, exalté, parmi les entrecôtes, ne cessant de s'écrier :

—Ah ! il a le nez creux, le jeune homme !... il a mis dans le joint, dites donc ?... c'est le plus beau *bœûce !*... il a mis dans le joint... du premier coup, là : pfwitt !... un *bœûce* de dix-huit cents... ah ! chaleur !...

En effet, c'était le plus beau bœuf des

cinq ; il venait premier dans le défilé, et ce fut lui qui s'appela : *la Lune.*

Or, le dimanche-gras, dans l'après-midi, comme le populaire, en masse compacte et en grand émoi, s'était aggloméré devant le portail du Sénat, grouillant et attendant le cortège, il y avait, à trois pas de la bousculade, sur le trottoir, un groupe composé de deux personnes seulement, mais très animé.

Ces deux personnes étaient votre serviteur, d'une part, et, de l'autre, « *Mouchu* » Monet. Mouchu Monet était mon propriétaire.

Entre parenthèses, au cas où la postérité, dans la suite des temps, se déciderait à décorer de plaques commémoratives mes différents séjours, elle retrouverait facilement ceux-ci : masure peinte jusqu'à mi-bâtisse, en rouge foncé, *Hôtel du Luxembourg*, à deux culbutes du Sénat. Je n'ai jamais connu rien de plus gai. La porte était implacablement fermée à onze heures du soir; mais j'avais, aux fenêtres, des camarades qui me descendaient la clef par une ficelle.—Chut!

Mouchu Monet, donc, en cette après-midi du dimanche gras, refusait de me laisser rentrer chez moi, faute de sept francs — *chette* — que je lui devais et n'avais en poche...

J'entends d'ici les personnes amoureuses de solennel blâmer la manière abandonnée dont je confesse, à propos de bœuf gras, ma « vache enragée ».

Que voulez-vous? Polo n'était pas encore prodigue à mon endroit; moi-même j'étais un peu désordonné, insouciant, mal économe : enfin j'étais très jeune. Au fait, cela m'est plus doux à dire que le contraire; et, en ce moment même où je censure le grand garçon échevelé que j'étais alors, je me fais un peu l'effet du bon parrain qui daube, en public, son filleul, mais qui, au fond de soi, ne peut s'empêcher de sourire, et songe, en le regardant : si j'avais encore son estomac et son appétit, du diable si je ne serais pas tout pareil !

Admettons l'enfantillage : on n'en est pas moins dur à la peine, moins droit dans le danger.

J'avais dépensé, pour amollir l'inexorable Monet, plus d'arguments qu'il n'en faudrait au savant docteur Bergeron pour faire guillotiner trois douzaines de pharmaciens ; j'avais été tour à tour enjoué, superbe et suppliant : c'était une erreur, un oubli inconcevable de ma part de n'avoir pas demandé d'argent, la veille, à la caisse. Aujourd'hui, dimanche, impossible : bureau fermé. D'ailleurs, quoi ? la belle affaire ! douze heures de retard... N'y avait-il pas là-haut de quoi couvrir douze fois la somme? et patati, et patata. — Rien!

Tout à coup, une gigantesque rumeur s'éleva, une irrésistible poussée fit onduler, refluer la foule, envahit le trottoir; les sergents de ville se précipitèrent; les becs de gaz, en un clin d'œil, se transformèrent en grappes de mômes; les toits, les fenêtres pullulèrent de silhouettes penchées, avides de voir: on entendait les fanfares, la mascarade arrivait, hérauts en tête, éblouissante, somptueuse, avinée et braillante, frappant sur la peau d'âne et soufflant dans les cuivres.

L' « ami de l'empereur » était dans le tas, Fléchelle lui-même, épanoui dans sa voiture, en costume de cérémonie, tout reluisant de drap neuf, apoplectique et rayonnant, se disant sans doute en son cœur : — « Dans toute la boucherie parisienne, non !..... je mets au défi ! il n'y en a pas de comme moi...

Des bouchers comme Achille ? ah ! chaleur ! pfwitt ! »

Et la bête bonne à manger, mugissante, immense et blanche, à son tour parut, enguirlandée de roses, dorée aux cornes, la bave au mufle, ses gros yeux troubles errant, effarés, sur la démence de ses bourreaux ; morne, maintenue par les quatre sacrificateurs sur la claie roulante, avec, en haut, l'oriflamme qui déroulait sa banderolle dans le vent, allumait, au soleil, sa légende, en six grandes lettres d'or : LA LUNE.

Et moi, frappé soudain d'une lueur, comme si un pétard m'avait éclaté sous le crâne, je saisis « mouchu » Monet par un bouton de sa guenille, et je lui criai :

— Quand on pense que vous osez m'embêter pour sept francs, le jour même où je suis bœuf-gras ! — Regardez !

Et j'attendis ses excuses, fier et calme,

figé dans un mouvement de pitié souveraine; à part moi, je pensais : Mélingue voudrait bien être à ma place.

« Mouchu » Monet contempla mon bœuf d'un œil froid, fit osciller d'une épaule à l'autre, quelque temps, sa lourde tête, exténuée du calcul des menues additions, puis, sombre comme le Destin, répondit :

— Cha ne me regarde pas.

*
* *

Voilà ce que je connais de la gloire.

ACTES EN VERS

u quartier Latin, le dimanche, Talien joue « les Jeunes ».

C'est-à-dire que le directeur du petit théâtre de Cluny tente, à ses risques et périls, une aventure devant laquelle se dérobent volontiers les gaillards qui ont ce danger pour mission, et que l'État subventionne *ad hoc*.

Il appelle à lui les aspirants à la gloire, ce qui est généreux, ausculte attentivement leurs essais, ce qui est courageux; et quand un manuscrit, dans le tas, lui paraît suffi-

samment conforme au bon sens, le met en
scène et le joue, ce qui est héroïque.

Il y ainsi des hommes de bonne volonté
qui font le devoir des autres.

Cela mérite un encouragement, une récompense ; Talien, peut-être, l'aura, si le ministère jette les regards de son côté. D'ailleurs, ce n'est pas la question que je veux soulever en ce moment.

Je ne veux que déplorer la nuée d'élucubrations *en un acte, en vers*, qui, dès la première avance de Talien, a crevé tout à coup, inondant les cartons de Cluny.

Je sais qu'une hésitation est permise devant la grande Thèse humaine et pantelante, qu'on ne peut, sans quelque frisson, songer, pour la première fois, à charpenter les solives d'un drame de haute architecture; mais aussi, l'acte en vers, dont le principe est de faire miroiter une idée grosse comme une tête d'aiguille, l'acte en vers où il est indifférent d'avoir grand'chose à dire, suffisamment entraîné qu'on est vers la quantité par l'enfilade des rimes, le petit acte en vers, creux et pailleté comme un mirliton, me paraît une arme un peu trop puérile à qui rêve de forcer le succès. Trop sûrement, ce hochet au poing, on risque de s'y reprendre à deux fois, comme dit le grand Corneille, « pour se faire connaître », et sans être un Cid ni le faire, un « jeune », de vrai tempérament, doit frapper plus fort son premier coup.

Est-ce timidité, cependant, ou paresse ? Obstinément, les « jeunes » poussent, l'un après l'autre, au début, ce vagissement rhythmique succédané des pleurs du berceau, qui n'intéresse que les mamans et les petites sœurs.

C'est la faute du *Passant*.

Oui, le *Passant*, bijou exquis, diamant taillé dans le rêve, serti dans la grâce, dont les feux allumèrent les premiers la gloire d'un ravissant poète, le *Passant* a donné des bluettes à toute la jeunesse éprise de littérature ; il a fait du mal, il en fait encore aux jeunes écrivains, comme on prétend que l'œuvre de Balzac fait du mal aux jeunes calicots.

Songez-donc ! avec un seul acte, entrer au cœur de la foule, enthousiasmer, régner le soir, être illustre ! Il y a de quoi tenter l'imitation, affoler tous les économes d'efforts, les pressés de jouir, tous les susurreurs de rien que le farouche rédacteur de *la Rue*, autrefois, a nommé : *les Crotte-Menu...*

La première du *Passant !* je me la rappelle comme si c'était hier :

On l'avait annoncée, prônée, escomptée au café de *Bobino*, voisin des arbres du

Luxembourg, où se réunissaient les *Parnassiens*, où passait Rochefort, où venait de débarquer, avec *Pierrot Héritier*, Paul Arène au bras d'Alphonse Daudet, célèbre déjà par les *Lettres de mon moulin.*

L'auteur, avec son joli nom ciselé : François Coppée, avec son profil nerveux et de pur camée, avait dit des fragments aux tables, distribué à la ronde des poignées de main. On savait que deux belles filles, deux artistes de race, allaient prêter le charme de leur chair et de leur talent à l'interprétation ; tout bas, on ajoutait même... que l'une d'elles était aimée du poète, que l'autre en séchait de jalousie : un vrai roman !

Enfin, c'était notre drapeau à tous que le camarade allait dresser dans la bataille...

Comble de l'émotion ! J'en appelle à ceux de mon âge : le lustre de l'Odéon, ce soir-là, nous sembla rayonner notre aurore.

Dans la salle, il y avait le Tout-Paris de l'Empire : un bruit d'éperons, des entre-croisements de moustaches, des femmes plâtrées, étincelantes de parures, des crânes luisants surchauffés d'agio, des ventres balonnés d'expropriation, des nez affilés par la ruse, une odeur de luxe violent et malappris, de virements, de police et d'indigestion splendide ; c'était superbe !

Il y avait aussi les maîtres venus pour encourager l'élève : Gautier, Banville, Augier, Leconte de Lisle, tous les fronts ombragés du vert laurier, tous, excepté Hugo, qui était ailleurs...

On frappa les trois coups.

Vous connaissez la pièce ; elle arriva comme une manne :

Ce rien enguirlandé de fleurs, enbaumé de jeunesse, le naïf et chaste amour de Zanetto s'offrant, au clair de lune, à la Sylvia, la courtisane charnue et rêveuse après boire, un idéal de l'Empire, fut tout de suite accueilli, acclamé, adoré. La pièce déroula son collier de rimes précieuses, tendrement, perle à perle, dans une musique si imprévue et si douce, qu'il s'en répandit, par la salle enivrée, une sensation de fraîcheur pour ainsi dire virginale.

Ce fut un enchantement comme une goutte de rosée sur une bouche en fièvre.

Toutes les dames décolletées d'alors agitaient les reins dans leurs fauteuils; les sous-préfets de passage à Paris, ce jour-là, roulaient des yeux humectés. Mathilde s'affaissait, pâmée, dans sa loge.

Quel succès! On fit relever quatre fois le rideau.

Et nous donc! la phalange de Bobino. Du délire!...

Après avoir touché la main du vainqueur

chancelant d'émotion, courant affolé par les couloirs, embrassé, fêté à la volée, serré de bras en bras, on s'en fut par les rues endormies, chacun de son côté échafaudant son acte en vers.

Hélas ! moi comme les autres...

Il a vu le feu de la rampe sur cette même scène de l'Odéon, mon acte, un soir que j'avais grand mal à la tête.

Beaucoup de monde « dans les places », comme on dit.

J'avais fait ailleurs une besogne plus hardie; on croyait peut-être que j'allais dire un mot de vérité. Point ! j'avais péniblement cousu de rimes une pantalonnade.

Et le cœur me battait !... Je sue encore au souvenir de ces niaiseries.

La calotte de cuivre du pompier, perdu près de moi dans la coulisse, avait, pour ma prunelle effarée, les flamboiements d'un casque d'Athénée.

Je me rappelais un mot de Félix Pyat : « Quand la toile s'est levée pour la première du *Chiffonnier*, j'ai eu la sensation d'un homme à qui on enlève sa chemise. » Et j'attendais...

— Place au Théâtre !

Ce cri poussé, le rideau se leva, roulant sur sa tringle :

— V'lan ! ça y est, fit Duquesnel en me frappant sur l'épaule. Je le regardai ; Duquesnel n'est pas une bête : il avait dans le regard cette étincelle de malice qu'allume aux yeux expérimentés la contemplation d'un jobard.

V'lan ! ça y était : les acteurs parlaient ; Porel traînait à son cou une corde où mon orgueil d'auteur est resté pendu.

Est-ce à dire que l'acte en vers, m'ayant

été dur, sera condamné? Non, certes, et tant d'autres en ont tiré, sauront en tirer meilleur parti que je ne l'ai su faire moi-même, parbleu! Seulement, j'ai peine à voir se présenter tous les jeunes cerveaux marqués pareillement, comme les têtes de moutons aux barrières.

Je tenais à dire que le *Passant* ne se recommence pas, qu'il a eu la chance d'une fortune sans seconde, même pour son bénéficiaire.

Tenez : Coppée, l'autre semaine, donnait encore un acte en vers à l'Odéon : *le Trésor*.

Eh bien! — il me pardonnera, parce qu'il sait que je lui garde une admiration bien affectueuse, — mais, pendant qu'on jouait sa pièce, il m'est apparu, bien que nous n'ayons encore, ni l'un ni l'autre, que je sache, doublé le cap de la quarantaine, il m'est apparu, dis-je, dans la brume de l'imagination, pâle, un peu cassé, pareil à un vieux petit employé, l'employé à l'acte en vers.

Effaçons cela. Coppée a bien d'autres « trésors » dont il n'est pas avare; son œuvre est considérable; il n'est plus à juger.

Je parle aux débutants, sans en avoir le droit peut-être; ils feront de mon conseil ce qu'ils voudront. Mais j'imagine qu'à cette heure, le moule de l'acte en vers est un peu usé, fragile, qu'il faut aujourd'hui, pour se faire place dans la cohue des esprits, un cri plus haut, plus humain. La guerre et la Commune ont bouleversé le chemin des *Passants*.

A Saint-Cloud, les mirlitons !

L'acte de fantaisie en vers gracieux est un badinage d'antan.

PAUVRES CENSEURS !

E 4 septembre 1870, vers quatre heures de l'après-midi, en rentrant chez lui, celui qui écrit ces lignes, comme dit le Maître, saisit son portier par la tête, et l'embrassa avec transport.

J'en avais embrassé bien d'autres dans le trajet de la place de la Concorde à l'Entrepôt !...

La République venait d'être proclamée ; l'Empire était à bas. J'avais l'âge admirable où, selon l'expression populaire, « on marche sur ses vingt-huit ans ». Depuis la veille, le sang m'affluait au cœur à le rompre... Enfin, c'était fait : Liberté ! Égalité ! Fraternité ! Vive la République ! J'avais entendu et soutenu, d'une voix retentissante, le cri de délivrance du peuple devant le Corps législatif !

Puis, je m'étais rué à travers la foule, éperdu, les cheveux tout droits, avec une inexprimable joie, un irrésistible besoin d'embrasser. Le premier au cou duquel je sautai fut Richard Lesclide, ce qui n'est pas un petit travail, Richard ayant sept pieds de haut. Il reçut mon étreinte comme un chêne qu'il est et sera longtemps encore ; puis me rendit au niveau terrestre de l'humanité, d'où je m'élançai de nouveau pour continuer...

Enfin, je pris un fiacre ; la voiture découverte était alors une des manifestations de ma bonne humeur. C'est du haut d'un de ces chars banals que, tantôt dressé, répondant aux passants avec des gestes de bas-reliefs de Rude, et tantôt rassemblé, assis dans la majesté sereine d'un arc de triomphe, je rentrai chez moi par les boulevards.

Le flot humain inondait Paris; l'exaltation était à son comble : il éclatait des rires, il coulait des pleurs. On voyait à chaque instant, du coin d'une enseigne, du haut d'un fronton, tomber une aigle de pierre ou de fonte, arrachée par l'indignation victorieuse, et qui allait s'écraser sur le trottoir, dans le ruisseau... La foule qui, dans ses jours de liesse, aime bien crier quelque chose, criait de temps en temps : Vive Gill ! comme elle criait vive un autre, au passage de toute figure amie. — Quelle journée!...

Une chose que je ne remarquai pas d'abord, que je vis sans en chercher la raison, c'est qu'à partir du Châtelet, les groupes arrivaient infailliblement en sens inverse de ma course, et que je remontais le courant populaire.

Où donc allaient les autres ? Je l'ai su plus tard : ils allaient à l'Hôtel de Ville.

Quant à moi, je rentrai radieux ; je dînai comme quatre ; puis je m'endormis du sommeil des hommes antiques, bercé dans le rêve des vieilles républiques guerrières ; et l'ombre de Léonidas me donna, sur l'oreiller, quelques poignées de main vraiment flatteuses.

Maintenant, pour dérouiller un des clichés narratifs de Dumas père, je dirai qu'un explorateur qui, trois mois plus tard, battant les carrefours et les rues de la rive gauche, en aurait observé les habitants, eût remarqué sans doute un homme très jeune encore, pitoyablement vêtu d'un képi, d'une capote de soldat et d'un pantalon gris à bande rouge. En poussant plus loin ses investigations, il eût pu même se convaincre que, par un système illusoire et compliqué d'épingles, le jeune homme en question, probablement célibataire, avait essayé vainement d'*hermétiser* sa défroque ouverte, par maints hyatus, au vent d'hiver.

Le jeune homme, c'était encore celui qui écrit ces lignes. En souvenir de la misère commune, on excusera le déshabillé de l'aveu. On était en plein siège. Plus de pain, plus de bois, plus d'argent, plus de journaux à images, plus de travail...

Il y avait bien les trente sous de la garde nationale. Tant de malheureux ont, depuis, pour les défendre, versé tant de sang vermeil, qu'on aurait peine à les passer sous silence... Mais les jeunes estomacs sont insatiables; je souhaitais plus encore; et comme, entre les sorties de Trochu, il y avait du temps de reste, je rêvais d'employer ce temps à quelque besogne en rapport avec mes facultés, et qu'on m'aurait pu accorder.

Pourquoi, me dira-t-on, ne vous contentiez-vous pas de ce qui suffisait à tant d'autres ? Parce que certaines comparaisons, si humble que l'on soit, font parfois naître des rancœurs ; et, depuis le 4 Septembre, j'avais d'anciens camarades préfets, sous-préfets, délégués ci, délégués là, tous, récemment, plus ou moins dorés, chamarrés : l'un, entre autres, que je ne nommerai point, désolé que je serais de l'affliger d'ailleurs, et qui portait une casquette de féerie, absolument dissimulée sous la spirale infinie des galons ; j'imagine qu'il était quelque chose comme « général des bibliothèques » !

C'étaient ceux qui, le 4 Septembre, n'avaient point négligé de se rendre à l'Hôtel de Ville. Je ne parlerai pas non plus des inspecteurs de musées « de province » qui, bloqués dans Paris, continuèrent à émarger autre chose que trente sous, je vous jure ! Je constate mélancoliquement, sans la moindre colère...

Enfin, j'étais très misérable, et, timide comme je l'ai toujours été, sans qu'il y paraisse, tout à fait empêtré.

J'allai voir Rochefort.

C'était rue Cadet, dans la maison qu'avait auparavant habitée Timothée Trimm. Il y avait, chez le membre du gouvernement de la Défense, un certain nombre de personnes dont je ne saurais dire aujourd'hui les noms; je me rappelle seulement son fils aux cheveux blonds, qui, dans l'embrasure d'une croisée, souriant, exerçait un petit oiseau à se tenir immobile dans le creux de sa main, couché sur le dos, faisant le mort, comme un soldat de Champigny.

J'aime Rochefort et ne cache point ma sympathie, n'en déplaise à ses ennemis. Je n'ai point à apprécier sa politique à laquelle je n'entends point grand'chose de plus qu'à une autre ; mais, habitué à juger les hommes sur la physionomie, je lui sais gré de la distinction de ses traits nerveux et tourmentés, de la lueur de bravoure qui veille au fond de ses yeux gamins et résolus.

Il me reçut cordialement, me fit manger d'un pâté composé de menus os de je ne sais quel animal ; et, en apprenant ma détresse, poussa quelques exclamations qui semblaient protester.

— Je vais vous donner une lettre pour Charles Blanc, me dit-il, il ne peut vous refuser.

Je pris la lettre. M. Charles Blanc était alors délégué au ministère des beaux-arts ;

là, mieux qu'ailleurs, je pouvais être employé: j'y courus.

Le laquais de l'antichambre était gigantesque, imposant, tout à fait impérial. Il prit ma lettre, cependant, la fit passer, puis, après quelques minutes, m'introduisit.

— Monsieur, me dit M. Charles Blanc, vous avez beaucoup de talent, beaucoup d'esprit, beaucoup...

Je me sentis perdu.

— Mais ce que vous demandez est impossible.

— Ah!...

— Oui. Vous savez qu'il n'y a plus de censure.

— Je suis payé, au moins, pour savoir qu'il y en avait une.

On se rappelle les démêlés du journal *la Lune* avec les ciseaux de l'Empire.

— Oui, continuait toujours le délégué impassible, eh bien! il n'y en a plus. Mais nous avons toujours les censeurs.

— Bah!

— Certainement. Ces gens-là se trouvaient sur le pavé. Qu'en faire? Nous leur avons donné les places dont on pouvait disposer.

— Bon! vous les avez indemnisés... Et Troppmann?

Il me regarda, effaré.

— Oui, ce pauvre Troppmann, vous ne l'avez pas indemnisé, lui. C'est dommage!

Et je repartis dans la neige, après avoir salué profondément la valetaille.

Voilà quel était le système administratif, en 1870, pendant la guerre.

L'INFLEXIBLE PIÉTRI

Condamné trois fois, — rien que cela ! trois fois emprisonné, deux fois comme civil, une fois comme militaire ; voilà les états de service que m'attribua l'*Inflexible*, en 1868. Je ne sais ce qu'il en serait aujourd'hui ; mais, en ce temps, quand les improvisateurs de la police donnaient carrière à leur imagination, la fantaisie des poètes était rondement distancée.

L'Inflexible ! — Se souvient-on de cette

publication qui vulgarisait l'idéal de l'immonde ? ou la collection honteuse de ses quelques numéros pourrit-elle, oubliée, dans le fumier de l'Empire ? Le malheureux qui ne craignit pas d'étaler le nom de son père sur cette ordure, un long et jeune Polonais jaunâtre, efflanqué, gluant, les yeux en trous de pipe, la lèvre en rebord de vase, a, depuis, supplié pitoyablement qu'on l'oubliât. Je ne le nommerai point.

Donc, en son deuxième numéro de l'*Inflexible*, à travers le torrent d'injures et de calomnies dont il essayait d'engloutir, sous la bave, les noms de Rochefort et de Vallès, le Polonais en question, me désignant par une initiale transparente, m'accusait d'avoir été incarcéré trois fois, tant par la justice militaire que civile; mais, par exemple, toujours pour vol : manque de variété dans le motif.

Il avait, l'aimable drôle, pour collaborateur anonyme en cette affaire, un fils présumé de Dupin et d'une danseuse, un soi-disant général de Bussy, que Nadar se souvient peut-être encore d'avoir rossé, en 1849, au bal d'Antin, et qui, finalement, s'est laissé crever près d'une borne, en sorte que son âme est restée noyée en quelque ruisseau de la Villette ou de la Chopinette, Ophélie de la boue.

Misérable écœuré d'infamie, à qui le dégoût de soi-même, au passage d'un corbillard, arracha ce mot d'éloquence monstrueuse : « Que ne suis-je mort, pour qu'on me salue ! »

Il était vieux d'ailleurs au moment de l'outrage ; à peine je l'avais entrevu : je m'occupai du jeune. Et, le jour même de l'apparitition du placard, je me mis en quête d'en rencontrer le signataire que je connais sais davantage; autre part je dirai comment.

Certes, si l'ignoble attaque se fût produite une quinzaine plus tard, elle n'eût soulevé qu'un rire énorme de dégoût; il eût été superflu d'y répondre; la lumière était faite alors sur l'*Inflexible* et sa rédaction; mais cela se passait dès le second numéro; on ne savait rien encore; l'opinion publique était en suspens; il fallait manifester sur l'heure.

*
* *

Je fouillai, je parcourus tout le quartier Montparnasse où l'animal était baugé. Probable, s'il avait paru, que j'en eusse fait quelque gâchis. Mais le hasard, qui m'a doté de la pesanteur du bras, ne permit point que j'en fisse usage en cette occasion. Le coquin fut introuvable; et le soir, désespéré, je courus chercher deux témoins, espérant qu'ils seraient plus avisés ou moins éventés.

Or, ces deux témoins, François Polo, rédacteur en chef de l'*Éclipse*, et mon cousin, le docteur Morpain, s'étant mis en route le lendemain, me revenaient vers cinq heures du soir, harassés à leur tour, ayant exploré les maisons et les bouges de l'ancienne barrière, sans y découvrir apparence du Polonais, enfoui dans sa cachette.

Même, je me rappelle que le docteur, me voyant atterré, m'offrit un chiffon de papier, un procès-verbal de l'inutilité des recherches en ajoutant :

—Allons! allons! tranquillise-toi, et mets cela dans ta poche.

Pauvre cousin! si peu de famille que l'on ait, voilà les plaisanteries qu'on en reçoit!

Comme j'étais tranquille, vous pouvez en juger!

Je m'enfermais, je n'osais plus sortir; ce soir-là je n'ai vu que Victor Noir; le grand enfant, qui vint se jeter dans mes bras les yeux pleins de larmes, ému et frémissant, tout mouillé, comme un bon et brave chien de Terre-Neuve qu'il aurait dû naître. Mais cela ne suffisait point.

La nuit se passa, pour moi, sans sommeil; et, le lendemain matin, j'avais mon plan : voir Piétri.

Le préfet de police régnait alors; il était chef suprême, dominant l'empereur, absolu, formidable, terrifiant. Mais, comme le boulet qui devait tuer Napoléon, le personnage qui m'intimidera, dans la défense de mon honneur, n'est pas encore fondu.

*
* *

A onze heures du matin, un samedi peut-être, en fin de compte, le jour où l'*Eclipse*, sous presse, attendait mon arrivée pour imprimer, je m'en fus à la Préfecture, dans un fiacre aux stores baissés. Je vous dis qu'avant d'avoir lavé l'injure, je me serais laissé mourir de faim plutôt que de montrer le bout de mon nez aux Parisiens !

Sur le palier du grand escalier de pierre, une sorte d'accablement subit me prit, une sensation d'écrasement, d'annihilation, de dégoût. Je m'appuyai sur le rebord d'une des vastes croisées qui donnaient sur la Seine, et, vaguement, mes regards s'attardèrent à l'eau qui coule, comme la vie, emportant les immondices de l'humanité...

Il faisait beau temps, le grand soleil de juillet; les arbres du quai balançaient leurs panaches verts, les passants allaient et venaient allègrement; sur le pont Saint-Michel, à gauche, des filles, en toilette claire, riaient en agitant des ombrelles. Sur le quai des Vieux-Augustins, en face, on apercevait les étalages de bouquins, les devantures de marchands d'estampes, et, à droite encore, la boutique du restaurant Lapérouse où la table est si gaie, où, devant la fenêtre ouverte, avec un doigt de cognac sous le nez, tout en voyant passer les bateaux, on poursuit, de l'œil idéal, des papillons de rêve si jolis par-dessus les parapets... Tout cela, hier, m'appartenait, et c'était mon droit d'en user joyeusement, de circuler le front haut, comme un gars vigoureux et libre... et aujourd'hui! L'indignation me redressa d'un coup.

— M. Piétri? demandai-je au premier venu.

*
* *

Je suis resté surpris à jamais de la facilité avec laquelle fut accueillie ma demande d'audience.

— Par ici, entrez donc... Le garçon d'antichambre était plié en deux sur mon passage, et je pénétrai dans l'antre du souverain de la Police.

Je vois encore le masque à moustaches et à impériale cosmétiquées, le crâne en forme d'œuf, les yeux troubles, en étain, du préfet d'alors, assis dans la vaste salle éclairée à demi, quasi ténébreuse, devant une table immense, couverte d'un drap vert, trois cordons de sonnettes pendant du plafond, à portée de sa main. — Il parla :

— Que puis-je pour votre service, monsieur?

— Monsieur le préfet, je suis accusé d'avoir été trois fois en prison, par un journal de ce matin; et, comme en ces moments d'angoisse, un peu de fièvre échauffe toujours le débit, je ne craignis pas d'ajouter : un journal qu'on prétend même émané de votre administration.

Le Piétri, impassible, ne sourcilla pas. Je continuai :

— Or, il y a, jusqu'à cette heure, ceci de remarquable dans ma vie, que je n'ai point même séjourné une minute dans le plus humble violon. Vous êtes le chef de la police, en situation, par conséquent, de témoigner des antécédents de vos administrés ; je viens vous demander l'attestation de ma virginité judiciaire.

Le préfet me répondit :

— Monsieur, cela ne se fait pas... Cependant, j'ai le plus vif désir de vous être agréable (oh ! oui), mais... dites-moi ? l'accusation ne porte pas uniquement sur vos antécédents civils. Vous avez été soldat ?

— Parfaitement, 44ᵉ de ligne, 5ᵉ du 1ᵉʳ.

— Avez-vous votre congé ?

— Mon congé ?... ah ! ma foi, je l'ai égaré.

— J'en aurais besoin. Procurez-vous en un double.

— Mais pour cela, il faut du temps... je suis perdu !

—Apportez-moi votre congé... vers quatre heures. Bonsoir, monsieur.

⁂

Me voilà reparti. Mon congé, il me faut l'aller redemander au ministère de la guerre :

— Cocher, au Gros-Caillou ! — J'arrive ; j'attends : les heures s'écoulent... Enfin, on me le donne, ce congé qui ne fait mention d'aucun crime, d'aucun châtiment. — Cocher, à la Préfecture ! brûlez le pavé ! — Sauvé, mon Dieu ! j'arrive, il est juste quatre heures, l'heure prescrite... M. le préfet de police est parti depuis longtemps.

J'entre dans des bureaux, je force des consignes. Des aides de camp du chef, des employés subalternes m'affirment avec douceur que leur maître est tout disposé en ma faveur, qu'il ferait l'impossible pour m'être utile; mais... il est parti. Reviendra-t-il demain ?... ce soir? après-demain? on ne sait.

Du coup, je repars à travers les escaliers et les couloirs, en hurlant, gesticulant, parlant haut; j'expose mon cas à d'innocents garçons postés pour ouvrir les portes, enseigner le chemin.

L'un d'eux tout à coup me dit—le pauvre diable a peut-être payé cher cette parole — :

— Mais c'est le *Casier judiciaire* que vous demandez : ici, la porte à gauche; 1 fr. 25.

J'entre, je donne 1 fr. 25, on me délivre un papier que tous ont le droit de réclamer, au même prix : c'est l'extrait du casier, le relevé des antécédents judiciaires de chacun. Le mien n'a qu'un mot : NÉANT.

Je l'emporte, enthousiasmé, je l'imprime:

mes lecteurs de cette époque l'ont vu dans le n° 4 de la première année de l'*Eclipse*, à la date du 5 juillet 1868.

*
* *

M. Piétri, préfet de police de l'Empire, avait jugé utile et agréable de me laisser ignorer ce détail de son administration, l'existence du Casier judiciaire.

J'avais négligé de lui en faire mes compliments ; j'en saisis l'occasion.

Mille excuses pour le retard.

SERMON DE CARÊME

Un mot charmant, bien naïf, est celui de cet enfant, assis inerte sur son banc d'école, et qu'un visiteur interroge :

— Tu ne travailles donc pas, mon petit ami ?

— Non, m'sieu.

— Alors, que fais-tu là ?

— J'attends *qu'on sort*.

Eh ! bien, ce mot qu'on ne peut entendre sans sourire, il me fait choir en mélancolie, quand je songe à quantité de grands garçons qui ont vingt-cinq ans à cette heure et qui, continuant la tradition du moutard de l'asile, bien portants, mais sceptiques, sans foi, sans feu, sans but, ennuyés, inutiles, ennuyeux, semblent plantés dans la vie uniquement pour attendre *qu'on sort.*

La jeunesse a-t-elle été toujours ainsi ?

* *
*

J'ai l'honneur d'être admis dans l'intimité de quelques sexagénaires qui m'émerveillent par la vitalité physique et intellectuelle qu'ils développent incessamment. Quand une heure sombre m'arrive, il me faut fuir en hâte les hommes de mon âge, et surtout l'entretien stérile des plus jeunes. — C'est près de quelque grand aîné que je me réfugie.

Difficilement, en effet, trouverais-je autre

part, en été, un géant de belle humeur qui, comme l'illustre professeur Pajot, m'entraînât, toute une après-midi, sur les flots jaseurs et ombragés de la Marne, à force d'avirons ; l'hiver, un viveur intéresssant de causerie prestigieuse, enthousiaste et consolant comme Molin, dont l'esprit, l'appétit et le cœur sont toujours en éveil ; ou même, en tout temps, un espiègle de haute futaie, comme Nadar, qui, fatigué de photographie, de dessin, d'aérostation et de littérature, se repose en bondissant, comme un clown, à travers ses ateliers, défaisant, de minute en minute, le nœud de ma cravate, avec les cris de joie d'un écolier lâché !

Et qu'on ne dise point que ce sont là des cas spéciaux résultant d'organisations exceptionnelles ; il m'est revenu du courage, de l'espoir, de tous les anciens que j'ai connus.

Les jeunes ont des vapeurs, des névroses,

de l'ennui latent, des ironies clichées pour tout ce qui fut admirable, un vilain dégoût de l'effort, un rire de crécelle à tout idéal, une avide recherche du *truc* lucratif et rapide, une maîtresse en coopération, des vices solitaires.

* * *

D'où vient cette dégénérescence ?

D'une fabrication ruinée d'abord, j'entends bien que les rudes soldats de 92, au retour des batailles, devaient offrir, à la fécondité de leurs puissantes épouses librement vêtues, des arguments que n'ont pu égaler, de leur échine fléchie, les sous-préfets de l'Empire, accointés de leurs minces dames sanglées, de la nuque à la crinoline, en d'étroits corselets.

De même, je ne saurais oublier que les *Nana*, dont, tantôt, l'histoire nous fut contée, ont triomphalement, aux applaudissements du dernier règne, inventé, vulgarisé, multiplié quantité de pratiques peu ravigotantes pour la descendance de leurs adorateurs.

Mais ce sont là fatalités dont on ne peut attendre un remède que du temps et d'une éducation nouvelle. D'ailleurs, un peu moins de muscle, de pourpre dans le sang, n'est point ce que je déplore uniquement dans la génération actuelle. Encore que la vaillance de la chair ait, avec celle de l'esprit, une indéniable correspondance, on ne peut exciper de la fragilité des poumons pour absoudre un manque de souffle idéal, un dépérissement de l'entrain, de la verdeur gauloise. Un ardent poète regretté, Glatigny, qui, certes, n'était point robuste, a néanmoins brûlé jusqu'au bout d'une belle flamme; et, si nous n'étions en proie à une école de découragement systématique, on pourrait peut-être encore se tirer d'affaire, avec de violents dépuratifs.

Malheureusement, il y a parti pris d'indifférence lâche, de ramollissement hâtif. On ne voit, en haut du pavé, que rejetons de bourgeois et de banquiers, pâles de sucer leurs petites cannes, héritiers, fainéants, ignorants, railleurs ; et si l'on venait dire aujourd'hui : « Tel a bien mérité de l'humanité, » tous répondraient en chœur : « *Faut pas nous la faire !* »

*
* *

La génération de 48, après l'écœurement d'une révolution ratée, pendant les loisirs débauchés de l'Empire, a commencé l'œuvre de dénigrement par dégoût, désespérance, peut-être pour s'excuser elle-même.

L'habitude en est venue, la mode : l'usage en a passé dans l'art et dans la science. Va pour la science dont les analyses décevantes sont compensées par le bien-être des découvertes ; mais pour l'Art. L'Art, qui doit être comme un baume appliqué proportionnellement sur les blessures de la science en perpétuelle démonstration du Néant, l'Art peut-il abandonner sa mission sacrée, qui est de faire sans cesse éclore, aux champs désolés de la réalité, l'Illusion, fleur éternelle qui parfume le monde, et console de la vie ?

1848, il est vrai, succédait à 1830, et dans l'ordre naturel des réactions, devait dédaigner la moisson de gloire que lui avaient léguée les devanciers, comme on voit, aux années de récolte surabondante, couler le sang de la vigne aux ruisseaux.

Tant pis ! Je regrette les romantiques fureurs des anciens ; j'eusse aimé mieux porter l'écarlate pourpoint de Gautier que le gilet de flanelle des éreintés de mon temps !

Ah ! nous sommes loin du Corrège et de son cri d'enthousiasme : « *Anch'io son pittor !* » devant Raphaël ; bien loin, même, de Carpeaux, le grand statuaire attardé parmi nous, qui, souffrant déjà du mal dont il devait mourir, en quittant les galeries du Louvre, jetait, au *Prisonnier* de Michel-Ange, la rose de sa boutonnière, avec un baiser !...

Le fonds qui manque le plus, c'est l'admiration ; l'admiration, ressort indispensable ! Qui admire est tenté d'égaler, de surpasser...

Au fait, je demande pardon au lecteur de cette homélie. Je ne voulais que lui conter une anecdote à laquelle prête un regain d'actualité le récent anniversaire de Victor Hugo : un cri d'admiration poussé loin d'ici, voilà longtemps. La scène est à deux personnages ; l'un est le Maître lui-même ; l'autre, un mien vieil ami que j'ai nommé tout à l'heure.

⁂

Donc, en septembre 1843, ce mien ami descendait à cheval, rayonnant de jeunesse, un des sentiers rocheux des Hautes-Pyrénées. Il allait tranquille au soleil, abandonnant sa chevelure aux vives caresses de l'air.

Un piéton montait la côte, au même instant, un peu courbé quoique dans la force de l'âge, le chapeau sur les yeux. Tout à coup, soit excès de chaleur, soit fatigue, soit pour toute autre cause, il se découvrit, et le cavalier, tremblant, éperdu en reconnaissant son visage, exclama dans l'étendue ce cri retentissant :

— Hugo !

Hugo — c'était lui — s'arrêta, s'inclina; mais le cheval effrayé du cri, violemment refréné, se cabra si rudement, qu'il envoya son cavalier sur le sol, et s'enfuit.

Mon homme désarçonné, meurtri, se releva, salua profondément; puis, interloqué, prit le parti de courir après sa monture.

Il se disait, entre chaque enjambée : bon ! le Maître est ici; je le retrouverai bien.

Il le retrouva en effet, le soir même, assis et causant comme un personnage naturel chez la marchande de tabac du village. Il n'osa l'interrompre, songea : demain matin, j'irai le voir. Et, pendant la nuit, il eut des songes merveilleux, où Hugo lui proposait sa collaboration et l'appelait : « mon cher ! »

Hélas ! le lendemain, Hugo était parti, un message arrivé de la veille l'avait rappelé en toute hâte.

Ce fut pour mon homme un désappointement si amer, qu'il demanda, toute la journée, des consolations au vin d'Espagne, et le soir, n'ayant obtenu qu'une recrudescence de mélancolie, s'alla glisser dans un torrent qui cascadait par là.

En résumé, ajoute le héros de cette équipée, vous savez qu'autrefois, en arrivant à Lyon, j'ai traversé le Rhône à belles brassées, pour un maigre pari. Quand on est nageur à ce point, on nage malgré soi : le lendemain matin, je m'éveillai dans mon lit d'auberge.

*
* *

Assurément je n'engage personne à suivre cet hyperbolique exemple, où s'affirme trop clairement l'influence du Malaga sur un cerveau gentiment fêlé au préalable.

C'est égal : cela sent bon, l'enthousiasme et l'amour du beau ! Tout excès dévotieux est, à mon goût, préférable au dénigrement en face d'un génie, unique depuis les prophètes, et pour l'éclosion duquel il a fallu l'effort de dix-huit cents ans!...

Quant à moi, si j'avais à choisir entre le danger de la noyade et le métier de certains laids bossus qui, après avoir, à genoux et roulant des yeux de crapaud extatique, baisé le pupitre du Maître, à Guernesey, essayent, à cette heure, de « le blaguer » dans les journaux où cette besogne est lucrative, on me verrait, rapide, courir à la rivière!

Un peu d'enthousiasme et d'idéal, mes frères; admirons, aimons, travaillons avant *qu'on sort!* C'est la grâce que je vous souhaite. *Amen!*

CLÉMENT THOMAS

Le 18 mars — inutile d'ajouter le millésime, on le connaît, — le 18 mars, au matin, comme j'étais encore couché (j'habitais alors du côté de l'Entrepôt, boulevard Saint-Germain), j'entendis ma porte s'ouvrir, ce qui n'avait rien que de naturel, ma clef restant toujours à la disposition des amateurs; et je vis entrer Agricol.

— Encore à la paille! s'écria-t-il; tu ne sais donc pas qu'il y a une révolution?

— Bon! depuis quand?

— Depuis tout à l'heure, à Montmartre ; il faut voir ça !

— Voyons.

Et sautant à bas du lit, je précipitai ma toilette, interrogeant, par secousses, mon camarade occupé à fumer des cigarettes et à taquiner un poids de quarante qui me suit depuis l'adolescence...

*
* *

Un peu rude, mon camarade : moitié ouvrier, moitié artiste, hardiment bâti, têtu, Breton d'origine, faubourien d'habitudes, nous l'appelions Agricol à cause de sa ressemblance avec un personnage de roman d'Eugène Sue. Autre part, peut-être, je dirai son véritable nom.

L'exercice violent lui est indispensable ; et jamais la gravure en taille-douce à laquelle il était destiné, qu'il exerça par intervalles, non sans talent, n'a pu apaiser le tourment de ses muscles. Avec cela, une sorte de curiosité invincible des métiers populaires. Je l'ai connu, tour à tour, peintre, cordonnier, forgeron, déménageur. Comme déménageur, il aimait monter un piano, sur ses épaules, au cinquième étage, et, là, le placer, l'ouvrir et en jouer, au grand ébahissement du ou de la locataire.

Un « drôle de corps », comme vous voyez.

Il est, lui-même le dit, *rustique*, et, j'ajoute, mal commode à malmener. Fier d'ailleurs, enclin à l'héroïsme et aux grands mouvements du cœur. Voici un fait :

Engagé des premiers, au moment de la guerre, dans les francs-tireurs de Mocquart, il partit battre la plaine avec sa compagnie, puis tomba malade : il avait rencontré la petite vérole noire qui courut le guilledou en ce temps. Sa face énergique était belle, de ligne régulière et pure; elle est, depuis lors, couturée, labourée. Tant bien que mal, s'accrochant aux arbres, rampant le long des buissons, se reposant au bord des fossés, il revint seul, se traîna jusque dans Paris, frappa à la porte d'une ambulance, y fut recueilli.

Là, dans le crépuscule des salles d'agonie et le frisson somnolent de la fièvre, un fragment de journal tomba entre ses mains; il y put lire qu'on promettait des pensions aux veuves de soldats victimes du siège. Il avait une maîtresse, une pauvre fille débile, rachitique, à ce point que, nommant l'homme Agricol, nous appelions sa femme la Mayeux, une chétive créature qui s'était abandonnée éperdument à ce grand garçon. Il la fit venir, l'épousa, comptant mourir et lui laisser du pain...

Pour « peuple » que soit mon homme, on

voit qu'il s'en peut rencontrer de plus vulgaires.

⁎⁎⁎

Revenons au 18 mars.

Assurément, je ne vais pas refaire l'historique ressassé du premier jour de la Commune; il y en aurait bon besoin cependant, l'impartialité m'ayant paru étrangère à tous les récits que j'en ai lus. Seul, Édouard Lockroy s'est trouvé d'accord avec mon impression. Il raconte une sorte de fête, une procession populaire en armes, un défilé, des mouvements de bataillons très calmes, très joyeux en plein soleil rayonnant qu'il faisait ce jour-là, une grimpée serpentante de bayonnettes sur la butte, une prise de possession illusoire du sol familier, du grand air et de la liberté.

Je voudrais dire, au surplus, ce qu'il m'a

semblé démêler d'enfantillage en cette affaire.

On avait le printemps tout neuf, cinq mois d'épouvantable misère à oublier, à savourer un facile triomphe que, le matin, M. Thiers, sachant bien ce qu'il faisait, avait ménagé aux pauvres diables jaloux de leur armement. (On connaît l'équipée des canons réquisitionnés, sans chevaux pour les emmener.)

Les gens de Montmartre y mettaient de l'ostentation, de la pavane; on jouait au soldat. Le peuple, enfant ignorant et malheureux, toujours en défiance et qu'on pourrait mener par une franche persuasion, s'irrite et se désespère aux malices d'une diplomatie dont il se sent dupe; il résiste; la répression motivée par sa résistance, pif! paf!... on le réprime.

Le châtiment formidable et solennel exagère la physionomie des réprouvés, et d'ombres dans la vie fait des statues dans la mort. Je parle des meneurs comme des menés, du troupeau comme des chefs : ignorance et misère d'une part, extravagance outrecuidante et puérile de l'autre.

J'ai connu grand nombre des niais d'alors que, depuis, la légende a faits terrifiants. Un jour ou l'autre, je les passerai en revue; il faudra rabattre de leur hyperbolique importance.

En résumé, si j'avais à synthétiser le tableau du désastre, je n'aurais qu'à me rappeler un cadavre entre autres qu'il m'a fallu enjamber plus tard, à la fin de mai. C'était un homme fusillé, les pieds au mur, la tête au bord du trottoir, le bras rejeté étendant ses doigts raidis vers une croûte roulée au ruisseau.

En dépit de ses fautes, le peuple de la

Commune gardera cet aspect pour la pitié humaine :

Un malheureux, révolté, mort en croyant défendre son morceau de pain.

*
* *

Il ne s'agit d'ailleurs, en ce moment, que d'une rencontre et d'une observation que je fis le 18 mars, en compagnie d'Agricol, et les voici :

Après avoir traversé Paris, déjeuné dans un cabaret de la place Blanche, exploré le quartier des Buttes, serré quelques échantillons de mains calleuses, nous repassions, pour la dixième fois peut-être, devant la maison de la *Boule-Noire*, quand un groupe de trois personnes attira notre attention.

Il pouvait être environ trois heures et demie ou quatre heures du soir. Près du troisième arbre, au bord du trottoir, sur le terre-plein qui règne au milieu de la chaussée, je les vois encore; ils étaient debout : un sergent de fédérés, petit, physionomie chafouine; un homme quelconque de sa compagnie, au port d'armes, et de profil; enfin, répondant au sergent et lui faisant face, un grand vieillard à barbe blanche, en pardessus gris, chapeau haut de forme, une canne à la main, droit, sec et propre. Silhouette étrange, inusitée, ce jour-là, dans ces parages, où ne se voyaient guère que guenilles et uniformes. C'est ce qui nous fit approcher, nous arrêter près du triangle formé par les trois hommes.

Le vieux, en ce moment, parla; je me rappelle exactement ses paroles :

— Non, mes enfants, disait-il, non; vous savez bien que je ne peux plus rien être.

Un passant qui vint s'ajouter à nous murmura :

— Tiens ! c'est Clément Thomas.

Celui qui avait mené la garde nationale à Buzenval était-il sollicité de reprendre son commandement? Je ne sais.

Il y eut un instant de silence pesant; puis l'ex-général recula, fit un pas en arrière pour se retirer, mais gauchement, maladroitement, comme incertain de son libre arbitre. Ceci est le point décisif à remarquer; j'y insiste : il ne sut point repartir.

Je connais médiocrement l'histoire de Clément Thomas et n'ai pas pris le temps de l'étudier; mais ce geste a suffi pour me convaincre que la netteté, la franchise d'allures n'étaient point du ressort de ses vertus. En une seconde, son trouble, sa tournure embarrassée, sa retraite oblique avaient allumé la défiance du groupe qui s'était formé autour de nous, groupe qui devenait foule.

Une voix cria : il faut l'arrêter ! La retraite lui fut barrée ; on l'entoura.

Resté en place, interdit, je le vis disparaître, entraîné dans une masse armée et tumultueuse.

Alors mon compagnon me dit :

— Suivons-les : on va le fusiller.

Certes, si j'avais entrevu la probabilité d'un tel dénouement, j'aurais, selon le conseil d'Agricol, accompagné la foule ; évidemment nous eussions fait, pour sauver l'homme, tout ce que pouvaient deux grands garçons résolus, de stature et d'accent populaires.

Mais cela était si loin de mes prévisions, de l'impression « bonhomme » du commencement de la journée, que, haussant les épaules, fatigué de promenade, je pris mon compagnon par le bras, et le ramenai dans Paris.

Ce n'est que vers huit heures du soir que

la rumeur nous apprit la double exécution de Lecomte et de Clément Thomas.

— Tu vois ! me dit Agricol ; eh bien, maintenant la Commune est f....ue !

* *
*

Dès ce soir de son premier jour, en effet, la Commune prit tournure d'épouvante et perdit les neuf dixièmes de ses adhérents ou de ses tolérants. Si ce meurtre n'avait pas été commis, les événements, peut-être, eussent eu un autre cours. Clément Thomas, qui avait alors la soixantaine, serait mort depuis ou ne vaudrait guère mieux ; trente mille hommes de France, vigoureux et jeunes, qui sont enfouis sous la terre, y seraient encore debout, vivant pour le travail et pour la République.

LE MODÈLE

A Coquelin cadet.

'FFT !

Depuis quatorze ans que Mme Basculard, mon épouse, me répète : « Armand, nous n'avons pas ton portrait ; c'est ridicule ; un chef de famille doit avoir son image accrochée à la place d'honneur de son foyer ; » je n'ai pas trouvé le temps de me faire faire. Un commerçant sérieux n'a pas de loisirs... P'fft.

Mes enfants ont été photographiés chez Nadar.

Ma femme a préféré poser chez Carjat, parce qu'en dehors de son métier, cet artiste fait des vers; moi, je ne comprends pas qu'on s'occupe de trente-six choses à la fois ; c'est du désordre; mais ma femme adore la poésie; elle est donc allée chez Carjat. Moi, je n'ai été tiré nulle part.

J'avais mon idée. Un projet caressé depuis longtemps. A l'instar de mon respectable beau-père et prédécesseur, qui mourut en regrettant de ne pas nous laisser son image tracée par Horace Vernet, j'ai toujours ambitionné, moi, de me faire peindre en grandeur naturelle, p'fft... et à l'huile. J'ai mille raisons, p'fft... pour préférer à tout autre ce genre de reproduction de la figure humaine : La photographie n'a ni consistance, ni valeur sérieuse; elle passe, on l'égare; en résumé, ce n'est que du papier ; la sculpture est triste, pâle, encombrante et lourde en diable; on ne sait où la fourrer; si on prend le parti de la mettre au jardin — encore faut-il avoir ce jardin — elle est exposée aux caprices de la température. Le dessin au crayon, même aux deux crayons, manque de solidité; c'est encore du papier. Bref, il n'y a rien de tel qu'un bon tableau, gai à l'œil, dans un beau cadre doré qui brille et qu'on accroche aux murs de son salon. C'est une valeur mobilière. Tel est mon sentiment, à moi. P'fft!

Et si, comme il est présumable, mon sentiment se transmet à ma descendance, il y a lieu dès lors de préjuger que mes fils et petits-fils imitant mon exemple, une galerie se formerait ainsi des hommes de ma race, un panthéon des chefs successifs de la maison Basculard, qui ne serait pas, j'imagine, — p'fft! — sans intérêt pour l'Histoire.

Ces considérations m'avaient décidé. Une

seule chose me retenait encore; le prix qu'on a coutume de payer ces sortes de produits. J'avais interrogé, près du Louvre, un gardien du Musée :

— Combien pensez-vous, avais-je dit à cet homme, que me demanderait un bon peintre, M. Duran ou M. Bonnat, pour faire mon portrait en grandeur naturelle, comme ceci, à mi-corps?

— De dix à vingt mille francs.

P'fft... J'avais envie de demander à ce fonctionnaire de bas étage :

— Combien croyez-vous donc qu'il me faut, à moi, expédier de kilogrammes de chocolat vanillé, praliné, sans rival, pour les gagner, ces dix ou vingt mille francs?

Mais il n'aurait pas compris; je me bornai à lui répondre en pinçant les lèvres :

— Bigre! il faut convenir que ces messieurs gagnent l'argent bien facilement.

Je le lui dis ainsi comme je vous le répète, et comme je suis prêt à le redire à qui voudra : on pourra m'arracher le cœur, mais on ne m'arrachera pas l'indépendance du langage.

Vingt mille francs! Certes, la maison Basculard s'appuie sur une caisse qui, je puis le dire, ne craint pas les fluctuations commerciales : mais je serais désespéré que la fortune m'eût rendu prodigue. Et, d'ailleurs, je considère ces façons orientales de traiter certaines gens, peintres ou comédiens, comme attentatoires à l'équilibre moral. Où irions-nous si tous les capitalistes s'ingéraient de jeter l'or en barres à la tête des individus qui s'écartent de la société pour embrasser des professions irrégulières? P'fft!

Heureusement nous avons dans le quartier un artiste plus abordable.

Au moins, s'il a de ces prétentions scandaleuses, n'a-t-il pas réussi encore à les imposer, car on a saisi ses meubles avant-hier. Je le tiens de mon huissier qui venait d'instrumenter en personne.

Aussitôt je me suis dit : c'est le moment; voici un gaillard à qui la Providence vient d'enseigner à propos la modestie. Tâtons-le. Et je l'ai fait venir. P'fft!

— Mon garçon, lui ai-je dit, vous n'êtes pas heureux, — ma femme me poussait le coude, mais Mme Basculard n'entend rien aux affaires, — mon garçon, vous n'êtes pas heureux, soyez raisonnable.

Il me fait un prix, je lui en ai dit un autre; nous avons coupé la poire en deux, et hier, j'ai posé pour la première fois dans son atelier.

Nous commençons par chercher la pose.

Je voulais une pose qui fût digne de moi, p'fft!... Je dis à l'artiste :

— Faites-moi à mi-corps. A mi-corps... avec la pose favorite de M. Thiers... en y ajoutant quelque chose du Vercingétorix qui était à l'Exposition...

— Bien, me dit-il.

Après quelques tâtonnements, j'attrape la pose. Nous commençons.

C'est très fatigant de poser, p'fft!... Et puis rien n'est ennuyeux et déplaisant à voir comme un atelier. C'est sale, c'est mal rangé. Des couleurs partout. Il est bien regrettable que pour se faire faire en peinture, on soit obligé d'aller chez des peintres. Enfin!...

Le désordre de l'atelier, le fouillis des toiles, des meubles, des étoffes jetées pêle-mêle, et l'obligation de rester immobile ne tardèrent pas à me faire mal au cœur. J'avais envie de fermer les yeux. Je dis à l'artiste :

— Avez-vous besoin du regard?

Il me dit :

— Non. Nous verrons plus tard le regard.

— Bien. Je ferme les yeux et peu à peu une douce somnolence m'envahit. P'ffffft!...

Tout à coup, j'entends — dans ma somnolence — la porte s'ouvrir et une voix — juvénile — prononcer ces paroles :

— Avez-vous besoin d'un modèle?

Je rouvre les yeux et je vois une fillette de quatorze, quinze ans; mal vêtue, très mal; en cheveux, l'air doux, pas vilaine, la beauté du diable, p'fft!

L'artiste la regarde, interrompt mon portrait et lui dit :

— Fais voir.

Je me demandais : *Fais voir*... quoi? Savez-vous ce qu'elle fait voir? — p'fft! — elle ôte sa jupe, sa camisole, elle ôte tout, et se met nue, complètement nue, p'fft! p'fft! p'fft!

Vous comprenez que Mme Basculard ne m'a pas habitué à ces choses-là. J'étais... révolté et... ému en même temps. P'fft!

Elle, cependant, avait l'air le plus tranquille du monde. L'artiste aussi. Il tournait autour d'elle, l'examinait. Tout à coup, il me dit :

— Comment la trouvez-vous?

A ce coup, le rouge me monta à la face. Je me levai, je pris mon chapeau.

— Monsieur, lui dis-je, je suis marié!

Et je sortis.

Dans la rue, je respirai plus librement, p'fft! p'fft!... Mon indignation se calmait. La pensée me vint d'attendre cette enfant. Il me semblait qu'il y avait là une bonne action à faire, qu'on pouvait encore ramener au bien cette âme égarée...

Au bout de cinq minutes, elle sortit. Je ne pus, en la revoyant, me défendre d'une certaine émotion, p'fft! La pitié probablement. Je m'approchai d'elle et lui parlai avec bonté.

Quelques minutes plus tard, entraîné sans savoir comment, je me trouvais chez elle.

Un taudis!... un vrai chenil!

*
* *

Néanmoins... j'y passai quelques instants... Fut-ce une faute? je ne le crois pas. Je ne saurais me résoudre à qualifier de coupable un acte qui a la vertu pour dénouement; — et c'est ce qui arriva :

Au moment de quitter la malheureuse, pris d'une inspiration soudaine, je me plaçai devant elle, et avec l'autorité qui résulte de mon âge et de ma situation, — p'fft!

— Jurez-moi, lui dis-je, que c'est la dernière fois, et que vous serez sage désormais.

Elle me le promit.

Vous en penserez ce que vous voudrez; mais, moi, je m'éloignai, le cœur plein du légitime orgueil que donne le sentiment d'avoir, probablement, fait une bonne action.

Après un bel inventaire de fin d'année, je ne sais rien de meilleur dans la vie.

A L'ÉCOLE DES BEAUX-ARTS

EUDI prochain, 25 mars, tous les jeunes Français, illusionnés d'art, pourront se présenter au concours des prix de Rome, et tenter la première épreuve de peinture. Il seront un peu moins d'une soixantaine — je connais cela — réunis, aux premières lueurs de l'aube, dans la troisième cour, à gauche, de l'École des Beaux-Arts, armés d'une boîte à couleurs, d'un chevalet portatif, d'une toile « de 6 », et munis d'un petit pain d'un sou.

Il y a vingt ans, à pareille époque, j'étais de la fête ; je voudrais pouvoir en être encore. Je n'avais point fermé l'œil de la nuit précédente ; si l'on m'avait proposé de renoncer au concours, pour être, tout simplement, sur l'heure, Vélasquez ou Titien, j'aurais eu un beau rire de dédain et de refus. La plupart des concurrents, jeudi, seront tout pareils à ce que j'étais.

Tout pareillement aussi, un gardien les appellera nominativement, tour à tour, selon l'ordre des inscriptions prises dans le courant de la semaine ; il fera le simulacre de les fouiller, pour constater qu'ils n'ont apporté aucun document, croquis ou calque de maître. Un à un, ils graviront le petit escalier raide qui mène au lieu du concours, déboucheront dans un long couloir, orné, en son milieu, de poêles en fonte espacés, percé, à droite et à gauche, d'étroites logettes.

Chacun choisira la sienne ; puis tous attendront, par groupes de camarades, l'arrivée du programme que sont en train d'élaborer les professeurs. Pour tuer le temps, on se regarde, on se rapproche, quand on se connaît ; on fait, aux inconnus, des *scies*. Blaguer le nouveau, c'est la tradition. Je me rappelle avoir été *scié* par Lambron, le beau Lambron, le peintre des croque-morts. J'avais dix-sept ans, les yeux bleus, les cheveux longs. Il m'accabla d'une série de plaisanteries qui me confusionnèrent beaucoup, tout en me paraissant d'un goût douteux.

La gaieté, d'ailleurs, est rarement affinée, chez les jeunes gens, peintres ou sculpteurs. Dès l'enfance, marqués au front de la folie spéciale qui prendra leur vie, rarement ils font leurs études, observent autrement que par les yeux, soumettent leur esprit au crible de la fréquentation.

Beaucoup sont pauvres et, nobles d'aspiration, par nature, sortent de souche esclave.

De là, cette vulgarité dans l'expression parlée, cette lourdeur dans les relations, cette inélégance des façons et de la tenue, ces espiègleries brutales dont l'usage commence à décroître, mais dont la légende est toujours en faveur : de l'*Échelle* de la *Broche en dos*, du cheval mis en couleur, dans la cour de l'Institut, pendant que son cavalier rendait visite à Vernet; du camarade exposé nu, sur un toit, l'hiver, et succombant au froid.

J'y ajouterai deux traits que je tiens d'un vieux, d'un ancien, du temps où l'on payait encore un sou pour passer le pont des Arts, et où le pont Neuf était, à droite et à gauche, flanqué de niches en pierre où de petits marchands débitaient leurs produits.

— Quelquefois, me disait Henri Rousseau, riant encore, — car il était resté primitif et mal dégrossi, — quelquefois, pour économiser un quart d'heure de trajet, ceux qui habitaient la rive droite se décidaient, au sortir de l'École, à prendre le pont des Arts ; et, pour rire, ceux qui habitaient la rive gauche les accompagnaient, en grande partie. On prenait son élan, dès l'Institut, et, au grand galop, on se précipitait sur les planches du pont sonore, tandis que l'invalide préposé au contrôle, se jetant hors de sa guérite, essayait de prévenir son collègue de l'autre bout, par des signaux désespérés.

— Mais alors, un des grands de la bande, l'homme à barbe du tas, l'arrêtait d'un air protecteur, disant : « Laissez donc ! ce sont des enfants ; je vais payer. » Et tandis que le malheureux invalide, à demi rasséréné, guignait, du coin de l'œil, le tourbillon disparaissant, lui semblait compter autant de sous que de fuyards, puis, tout à coup, les voyant hors d'atteinte, campait un sou unique dans la main du garde, et ricanait : « Tiens ! voilà pour moi, vieux serin ; eux, je ne les connais pas. » Et il s'en allait, superbe.

Une autre fois, un des rapins ayant eu maille à partir avec une marchande de beignets du pont Neuf, on résolut de le venger. L'un des meneurs alla commander à la pauvre *cent* beignets pour la sortie de l'École.

— Ayez soin qu'ils soient bien chauds pour six heures, lui répéta-t-il avec instance. La malheureuse prépara les cent beignets, les sortit de la poêle, à l'instant même où arrivaient les cent drôles. Alors on lui demanda :

« Sont-ils bien chauds ? »

— Oh! oui, messieurs. — Bien chauds! brûlants!

— Eh bien, alors, — et le cœur tout entier des polissons hurlait, — eh bien alors, une!... deux!... trois!... f... lanquez-vous les au... rein!

Voilà donc le genre de plaisanterie, la monnaie d'esprit dont on fête les nouveaux venus. Le couloir des loges s'emplit de quolibets et de rires; les voix de gorge et les voix de tête résonnent, roulant d'échos en échos... Tout à coup, profond silence; voilà le programme qu'on apporte, le texte du sujet de concours, en quelques lignes, sur papier timbré du sceau de l'École et qu'on accroche, après lecture officielle, aux murs de la chambrée.

C'est généralement une belle parole de l'histoire sainte ou païenne. Il s'agit d'exprimer, avec des tons, des contours et des plis d'étoffe, l'éloquence d'un Gracque ou d'un Machabée !

Comment les pauvres diables s'y prennent-ils pour allumer leur jeune imagination à ces vieilles cendres, depuis trois mille ans éteintes? Où prennent-ils l'enthousiasme? Où le renseignement? Tout le monde se met à l'œuvre aussitôt; il faut qu'au soir, l'esquisse soit terminée, rendue au gardien, qui les range au fur et à mesure. Les malins, ceux qui ont échappé au contrôle de l'entrée, tirent en hâte, de leurs poches, les calques de vieilles gravures qu'ils ont apportées, tant bien que mal adaptent, au sujet prescrit, les plis, les attitudes d'un vieux poncif. Les autres font comme ils peuvent. Et quand le jour décline, ils s'en vont incertains, inquiets, moins brillants que le matin. L'impassible gardien met sous clé soixante toiles de 6, à jamais barbouillées.

Deux jours après, le jugement sera rendu : vingt élèves, sur cette première épreuve, seront admis au concours « de la figure peinte ». Enfin, dix, de ces vingt, monteront définitivement en loges, pour, de nouveau et plus amplement, peindre une belle parole de l'antiquité.

Le vainqueur de ces dix aura le Prix de Rome. C'est-à-dire que, honoré de la faveur patriotique et d'une subvention de l'État, au lieu d'être un artiste, une sorte d'initiateur, de prophète, ému au cours de sa vie, laissant, en ses œuvres, trace de son temps pour la postérité, il s'étudiera à refaire du vieux, loin de son pays, refroidissant sa flamme aux marbres émiettés de l'irrémédiable Italie, épuisant son amour aux grandes filles en pain d'épice du Transtévère, égrenant ses belles années dans la poussière et l'ennui des choses mortes.

Puis, si vraiment il est marqué du signe auquel on reconnaît les peintres majestueux, il reviendra vieillir en France, investi des commandes officielles, déposant sans relâche, le long des murs, de vastes et insipides pastiches des écoles enterrées.

*
* *

Qu'importe !... Allez au premier essai du concours, enfants. Si, quelque jour, un souffle d'amour réel pour l'Art et la Vérité vous emplit les poumons, si la poignante et auguste Réalité vous fait battre le cœur, vous saurez bien, de vous-même, rejeter la guenille moisie et cuistrale qu'on vous impose. Allez, pendant tout un jour, manger votre pain blanc de jeunesse, au fumet vertigineux de l'Espérance...

Et soyez émus devant vos professeurs,

comme je le fus, autrefois, devant Horace Vernet :

Voilà longtemps déjà. C'était près de l'École : je voyais venir à moi, sec, astiqué, cambré, ce petit vieux gaillard, qu'il convient de ne point rapprocher de Delacroix, par exemple, mais qui n'en déroulait pas moins les *Smala*, du bout de la brosse, avec une certaine désinvolture.

Il fumait un énorme cigare, et j'avais aux doigts les premières cigarettes.

— Si je lui demandais du feu? pensai-je.

On a de ces audaces ravies, dans l'enfance. Horace Vernet s'y prêta fort bien, souriant. Mais moi, perdant la tête, rouge au delà des oreilles, je laissai choir ma cigarette, la ramassai, de plus en plus confus; puis, prenant le cigare qui me parut éteint, songeant peut-être, dans mon délire, à le raviver, je l'approchai de mes lèvres, avec un trouble tel que je mis dans ma bouche le côté du feu.

— Bon ! ce n'est rien ; du feu, vous en avez là, me dit le vieillard, en me touchant le front ; et riant d'un rire qui fit vaciller les longues pointes gommées de sa moustache ; il ajouta :

— Vous en avez là ! vous serez un artiste...
Hélas !

LE TABLEAU DE MARCEL

C'est fait! la cage est vide, l'oiseau envolé, l'enfant hors du logis. Du taudis ou de l'hôtel, de tout atelier d'artiste peintre ou statuaire, est sorti le tableau nouveau-né, le marbre neuf. Des lointains paisibles du Luxembourg aux mercantiles hauteurs de Montmartre, on a vu, pendant dix jours, camions, voitures de déménagement, fiacres, haquets, commissionnaires, emporter, vers le palais à coiffe de verre des Champs-Élysées, la moisson d'art annuelle.

Il y a eu, comme toujours, grande presse au dernier moment, sur le passage des envois, à la porte n° 9. Rapins et maîtres mêlés, confondus sur les degrés du grand escalier de pierre, ont fraternellement imité le chant du coq, entonné les scies de rigueur pendant le défilé. Les camarades se sont retrouvés; les forts ont été salués, les chétifs, blagués. Des feutres d'un autre âge ont été signalés çà et là, campés sur des yeux enfantins et des barbes fluviales, ainsi qu'aux jours d'émeute reparaissent les types de barricadiers. La dernière *peintresse* est revenue, toujours pareille, émue et empanachée, filant les yeux baissés, dissimulant, dans un foulard, sa « nature morte » encore fraîche.

On a hurlé des « bans » pour Carolus, espéré vainement Sarah Bernardt. Enfin les gardiens du Palais ont repoussé la foule au dehors. A cinq heures, les portes se sont fermées. Silence. Il faut attendre maintenant les décisions du jury. Que faire jusqu'au premier mai, jusqu'à l'ouverture de l'Exposition ?

L'œuvre accomplie, l'effort épuisé, la *tartine* ou le *navet* disparu, l'artiste, aux premiers instants, semble hébété, prostré, comme amputé d'un morceau de son être. Il erre, traînant son désœuvrement, son inquiétude, par les rues, les brasseries, le regard vague, les bras ballants, rebelle au séjour de l'atelier vide, veuf de sa chimère.

En effet, si médiocre que soit l'œuvre, on y a laissé de soi-même; utilement ou non, ce marbre, on l'a ému de son souffle, on a laissé de sa vie en cette toile; à l'heure de la séparation, non seulement c'est un vide à l'atelier, c'est véritablement un trou dans le cœur. Chez les isolés surtout, les célibataires. Pour eux, c'est absolument l'ami qui s'en va, le consolateur, le confident des causeries muettes pendant les longs crépuscules d'hiver, aux reflets mourants du poêle, alors que, dans la magie du soir, il semblait qu'on vît, par moments, s'animer, palpiter l'ébauche.

Il en est ainsi pour le peintre Marcel.

Son tableau de cette année représente un intérieur ouvrier; trois personnages : l'homme, la femme, l'enfant. La mère effarée serre entre ses bras son petit emmailloté. Scène violente.

Quand l'idée a jailli, soudaine, armée de pied en cap ainsi que la Minerve au sortir du crâne olympien, Marcel en a brossé tout aussitôt l'esquisse, au courant du premier jet. Puis est venue la réflexion; l'étude a déterminé les proportions, la gamme.

Il a fallu songer aux modèles.

Trouver l'ouvrier, la femme du peuple, rien de plus facile. Depuis l'abandon des académies, le délaissement du nu, les « poseurs » sont en grève ; il en pleut dans la misère de Paris.

Quant aux femmes, il n'est point rare de voir se musser, dans l'entrebâillement des portes d'atelier, la frimousse ébouriffée et curieuse d'une fille qu'ennuie la couture ou le fer à repasser, et qui, sur le conseil d'une rouleuse, a entrepris le « tour des artistes », vient offrir sa beauté paresseuse.

Un enfant au maillot, c'est autre chose à obtenir. A moins d'être voisin d'un bureau de nourrices, et encore ?...

Le mieux serait de l'avoir fait ; mais est-ce que Marcel a eu le temps d'être père ?

Orphelin de bonne heure, jeté au vent du hasard, en dédaignant les aubaines, retenu en même temps que poussé hors des étroites conventions de la société moyenne, par ces deux fatalités natives : — pauvreté, imagination, — il a grandi dans l'indépendance d'allure et d'esprit qui le désigne à la réprobation bourgeoise. Aucun guide, aucune aide. Ses amitiés? des partages de peines; ses amours? quelques sourires, par échappées, longuement suivis de pleurs. Cependant, il poursuit son but. Les ans passent.

Il vient tard, le nid, à ces oiseaux-là !

*
* *

Non, Marcel n'a pas d'enfant.

C'est pourquoi notre homme est allé voir un camarade, ancien disciple de Préault, qui, pour le salut de son estomac, substitua naguère le moule au ciseau, et fait aujourd'hui, au lieu de statues, des accessoires de théâtre.

Là, dans la fumée des pipes, le chant des

ouvriers, la joyeuse odeur du vernis, sous le regard troué des têtes de cotillon, la trompe en baudruche des éléphants de féerie ; dans le vaste pandémonium, emcombré de bibelots en toc et de simili-meubles à trucs, qui est son usine, le cartonnier, sur l'heure, a modelé, moulé, enluminé, mis au monde factice un enfant parfaitement conformé, articulé, propre à l'illusion, et l'a jeté au bras de Marcel qui s'en est allé ravi.

Il ne s'agissait plus que d'habiller le bébé.

La Providence, encore une fois, s'est manifestée sous les traits de Mme Henriette.

C'est la vieille femme de ménage de Marcel ; une autre misère : 30 francs par mois. Elle a été mariée. Son homme, un cordonnier, alors qu'elle fut près d'accoucher, la délaissa pour une autre « qui avait plus de manières », dit-elle humblement.

L'enfant est venu, un garçon ; elle l'a élevé

tant bien que mal. Maintenant il est soldat.

Quand elle a eu connaissance de l'embarras de Marcel :

— Passez-moi cela, lui a-t-elle dit, c'est mon affaire.

— Mais les vêtements?

— J'ai ceux du petit.

— Votre garçon? mais c'est un homme!

— Oh! j'ai gardé ses petites affaires de « dans le temps ».

— Oui. Eh bien, mère Henriette, allez! vous me ferez plaisir.

Cela n'a pas été long. La mère Henriette a couru vers son taudis, elle est revenue avec un paquet de vieux langes, une brassière, un petit bonnet. Elle était rajeunie de vingt-cinq ans. C'était plaisir de voir virer, s'assouplir, vivre le poupon dans ces vieilles mains maternelles.

Une épingle ici, une épingle là; en un

clin d'œil ce fut fini ; puis, soulevant le poupon dans ses bras, et le contemplant d'un œil enchanté :

— C'est tout à fait lui, fit-elle.

Et tandis que se mouillaient ses yeux, elle appuya, d'un geste emporté, ses lèvres sur le carton colorié...

O grandeur de la chair ! puissance de l'enfant ! culte jamais lassé ; œuvre jamais finie et toujours présente ; amour dont l'éternel éclair suffit à entretenir la flamme au cœur des vieillards.

C'est à cela, c'est à ce geste éloquent, naïf, irréfléchi d'une pauvre servante, que songe à présent Marcel, en son atelier vide et muet, le regard errant aux solives du plafond, où les araignées, silencieusement, tissent leurs fils pareils à des cheveux gris.

LE CHAUFFEUR

> Cet homme à peau de bête, coiffé comme un pendu, que la pluie glace, que la vapeur brûle, debout sur la locomotive, dévorant les routes, coupant le vent, avalant la neige, mécanicien, chauffeur, c'est le peuple !
>
> J. VALLÈS.

ET homme à peau de bête, coiffé comme un pendu, debout sur la locomotive, ce chauffeur qui, d'un bout du monde à l'autre, mène, à son sort divers, l'humanité, cet humble ouvrier de vertige et de précision, il a, aujourd'hui, charge

d'âme et de chair souveraines : il conduit un prince, un cousin d'empereur, au plaisir.

Il conduit un prince du sang, oui, du sang ! Touchera-t-il, pour ce surcroît d'honneur, un surcroît de salaire ? Aucun.

C'est quatre-vingt-dix francs qu'il gagne par mois, quatre-vingt-dix, et tout à l'heure, en prenant place devant la fournaise, il a calculé que ce voyage de douze heures lui assure trois francs d'existence.

Trois francs ! pour tout son monde : pour lui, pour les petits, pour le père usé au travail, pour la femme qui, peut-être, l'oublie et le trompe, dans les longues nuits d'absence, au logis, à l'abri du froid, du vent qu'il coupe, de la neige qu'il avale, lui, debout au rang du devoir. — Il faut gagner trois francs pour ta famille, chauffeur !

Le chauffeur, grave, est monté à son poste, sur le monstrueux cheval de fer qui dévore la braise et la flamme. Il allume sa pipe, le chauffeur, et sourit... Que voulez-vous? la vie est faite ainsi pour lui; à d'autres la joie, aux princes! L'effrayant coursier mugit, siffle, beugle, crache et s'ébranle : *All right!*

All right! En avant! L'espace dévoré, les champs, les bois envolés, les arbres penchés et rapides qui s'enfuient, les fleuves, les rivières, la course des flots dépassée, la fumée en tourbillonnant délire, et là-bas, derrière, le pays qui s'en va, qui décroît, s'évanouit...
All right! En avant!

En avant! sous les tunnels, roule e' gronde, ouragan de bronze et de feu; hurle sur les rails, encombre de brume étouffante. au passage, la voûte aux parois humides; hue! par la route rayée d'acier, longée de fils de télégraphe qui montent et descendent, comme une portée de musique notée d'oiseaux. Hurrah! nous n'avons pas le temps de saluer les clochers; hurrah ! plus vite! et déroule, plus épaisse et plus folle encore, ta tresse échevelée de vapeur noire : le prince est pressé.

Il est pressé, ce prince. Il ne va pas à la bataille, certes, mais bien plutôt pour voir sa belle; on est, chez lui, moins diable à quatre que vert-galant. Et, malgré l'impatience, étendu nonchalamment sur le velours du wagon d'honneur, on offre à sa suite quelques dragées prolifiques, aimable prince!— et puis, on bâille.

On bâille, entends-tu, chauffeur? Un prince bâille. Allons! plus vite encore, active et déchaîne, et lance, plus ardente encore, la retentissante chimère qui bouillonne et rugit sous ta main calleuse, et, malgré la pluie qui te glace, la vapeur qui te brûle, en avant!... Le chemin va... va! va!...

Oh! horreur!...

Horreur! que voit-on, là, en avant, sur la ligne? Une masse arrêtée, énorme!... un tombereau chargé de pierres de taille. Le charretier épouvanté détèle ses chevaux : il abandonne le fardier. — Horrible! Que faire? Le train se précipite à toute vapeur : c'est la mort!

C'est la mort? Pour le mécanicien, pour le chauffeur, peut-être; mais, avec de l'audace, pour le prince, — non! — Qu'en dis-tu?... Le mécanicien hausse les épaules. Allons! encore, encore! Lâchons tout!... O démence! Épouvantable intrépidité! Dévouement sublime!

Sublime! On entend un effroyable fracas de heurt et d'écrasement; le sol craque, le train sursaute, se cabre; la locomotive est effondrée, éventrée; la cheminée s'abat; de toutes parts, des quartiers de roc, lancés de la charrette broyée, volent en éclats, en poussière; les deux ouvriers gisent sur le chemin, le mécanicien tué, le chauffeur, les jambes fracassées; mais le train franchit l'obstacle, passe... Le prince est sauf!

Ah! prince, vous êtes sauf. Quel bonheur! Quelle joie pour votre auguste famille! quelle perte c'eût été pour elle et pour nous! Voilà une heureuse échappée, un vrai miracle, un chauffeur providentiel, — infirme désormais, pauvre diable; mais on lui doit une belle chandelle. Il l'aura sans doute... Cependant, le prince est sombre.

Il est sombre, ce bon prince; pour la première fois, ses intestins se resserrent. Il songe à ce qui aurait pu arriver... Quelle imprudence! et qui l'a commise?... Oh! ce chauffeur, ce gueux! Qu'on ne le laisse pas s'échapper! — Ne craignez rien, Altesse, il n'a plus de jambes! — Ah! très bien. Qu'on

le juge ! On le juge. — Qu'on le condamne !
On le condamne.

Te voilà condamné, chauffeur ! Tu n'as plus tes quatre-vingt-dix francs, plus de famille; tes petits sont bien abandonnés; ton père en cheveux blancs, il peut crever, à cette heure, comme un vieux cheval de charrue. Et ta femme ; c'est maintenant qu'elle t'oublie, pendant les longs jours et les longues nuits qu'il te faut râler en prison... Qu'importe ? Réjouis-toi : ton prince est vivant, bien vivant, pour ta patrie et sa belle, et pour longtemps !

Il y a longtemps de cette histoire, chauffeur. Sans doute, estropié, misérable, désespéré, tu t'es couché dans la tombe depuis bien des années. Écoute, je le dis pour consoler ta cendre : il est plus gras que jamais, le prince; il a perdu le goût des voyages; il rêve une situation assise, un trône, par exemple, d'où son cœur généreux, comme il a fait pour toi, se pencherait sur des millions de travailleurs, tes pareils, sur l'innombrable troupeau de tes frères, sur le peuple de France. Allons, dors en paix, chauffeur !

GUSTAVE COURBET

Les farouches taureaux, dans les vallons du Doubs,
Quand ils le voient passer, jalousent ses épaules
Comme un Turc il est fort, et comme un agneau, doux.
Son nom, caché longtemps, a volé jusqu'aux pôles.

C'est le peintre, le vrai, des vallons et des bois,
Des chevreuils et des bœufs égarés dans les plaines,
Des femmes en chansons laissant mourir leurs voix,
Et des curés béats aux immenses bedaines.
E. VERMESCH.

ES vers, dont l'encens parut fade à Courbet, me sont revenus au souvenir, l'autre jour, en visitant les salles d'exposition de l'*Impressionnisme*, une école dont chaque adepte, tour à tour, aussitôt qu'il parvient à forcer la porte du

Salon officiel, se hâte d'abandonner les résolutions intransigeantes.

Impressionnisme, d'ailleurs, équivaut à toute autre *chosisme* : c'est la devise quelconque, variable selon l'époque, au moyen de laquelle se rallient les mécontents, pour inquiéter l'opinion publique et combattre les idées reçues, qui, sans cela, dégénéreraient en préjugés. Je n'y vois aucun inconvénient pour ma part, et j'honore profondément la mémoire de Courbet, qui peut-être, aujourd'hui, se fût appelé *impressionniste*, et qui des premiers livra la bataille avec la supériorité d'un talent énorme et l'aplomb d'une vanité sans seconde.

Sa vanité mise à part, c'était un simple s'il en fut, en dépit du retroussis narquois de sa lèvre. Honnête homme, d'ailleurs, très honnête, et ce doit être le remords de M. Dumas fils de l'avoir insulté. Tout au plus fallait-il en rire, après avoir admiré l'inconscient génie du peintre.

Inconscient, en effet, il le fut comme un bœuf, dont il avait la redoutable encolure et l'irrésistible coup d'épaule, avec la lenteur du ruminant, le front têtu et dur. — « Il a du charbon dans le crâne, » disait l'Auvergnat Vallès.

Inconscient vis-à-vis de sa propre production. Lorsqu'il partageait avec Bonvin, le railleur, son atelier, celui-ci s'amusait à lui faire choisir, dans son œuvre d'une année, les moindres morceaux pour les envoyer au Salon.

La chose admirable vraiment, en son masque d'idole assyrienne épaissie de rusticité villageoise, était le regard : deux yeux, non, deux lacs, allongés, profonds, doux et bleus. J'ai songé bien des fois, en les regardant, à leur puissance inouïe de vision ; je les imaginais s'ouvrant sur tel ou tel coin de nature, l'absorbant, pour ainsi dire, et en emprisonnant à jamais le reflet sous les paupières.

Cette faculté phénoménale a marqué son talent. Il rapportait le paysage entier, tons et valeurs, dans son souvenir, et pouvait l'exécuter à l'atelier comme s'il eût été devant *le motif*. De là, peut-être, cette ampleur de la facture débarrassée de comparaison méticuleuse au moment de faire ; de là aussi quelques négligences de dessin. Je n'entends pas dire qu'il eût coutume de procéder ainsi ; au contraire, c'était le plus rarement ; mais je l'ai vu peindre *de chic*.

De théorie préconçue, d'esthétique initiale, je n'ai jamais supposé qu'il en eût l'ombre ; le secret de sa force était dans un robuste instinct.

Le *Maître d'Ornans* était peintre et paysan.

Proudhon, Champfleury, Castagnary l'ont gratifié d'une philosophie. Sa vanité flattée s'efforça d'en revêtir l'étoffe et s'y carra jusqu'au ridicule. Faiblesse et sottise.

Pour ma part, en furetant par les coins de son atelier, j'ai quelquefois découvert des esquisses de jeunesse qu'il se hâtait de m'ôter des mains, et où les troubadours abricot mandolinaient à fleur de nacelle, au fil de l'eau, pâmés aux pied des blanches damoiselles.

Qu'est-ce que cela prouve? Qu'il avait cherché sa voie, comme tout le monde, et s'était heureusement résolu à sa pente naturelle. Il n'y a là rien que de très louable, et la légende est au moins superflue, qui veut embellir Courbet d'une langue de feu spontanée et native, à l'instar des prophètes.

Ajoutons que cette grosse vanité dont on lui a fait un crime, et qui l'entraîna vers les plus sots dangers, lui fut bien utile, au début, en se doublant d'opiniâtreté.

Ses commencements avaient été durs.

*
* *

Il racontait parfois des épisodes.

Celui-ci entre autres : dans sa bouche naïve, avec le parler traînard et chanteur de Franche-Comté, le récit devenait grand. J'essaierai d'en retrouver les mots; mais il faudrait les gestes et l'accent du bonhomme.

— Un matin que j'étais encore *couchais*, — c'est Courbet qui parle, — que j'étais encore *couchais*, j'entends ma porte s'ouvrir, et qui est-ce que je vois *entrais?* C'était mon père; il arrivait de *chais* nous avec son bâton.

— Eh bien! donc, qu'il s'écrie, qu'est-ce que tu fais là, encore *couchais?* Toujours à dormir, donc?

— Bon! qu'est-ce que vous me *fichais?*

Faut donc point dormir pour *travaillais?* Et la mère ?

— Elle va bien. Embrasse-moi. Mais tu sais que nous ne sommes point tant riches. Nous avons déjà vendu un champ, l'année dernière, pour *t'encourageais*. Quand est-ce que tu vas *gagnais* de l'argent? On n'en veut donc point de ta *panture?* Elle est donc pourrie ? Ça ne va donc point ?

— Ça ne peut pas *allais* mieux ! Ils n'ont jamais rien fait de pareil.

— Pourquoi qu'ils te refusent toujours à l'Exposition, alors? Ils ne sont pas plus malins que toi? Non ! C'est donc toi qu'es plus malin qu'*eusse*. Eh ben! je voudrais voir ça; montre-moi donc leur musée, à *eusse!*

Courbet accède au désir de son père; il le mène au Louvre.

Étourdi, aveuglé par l'éclat des dorures, le vieux villageois tourne, glisse et se torticolise en la splendeur des salles, sans rien comprendre.

— C'est ben beau, tout ça, c'est ben beau ! Tu crois que t'es plus fort que ça, toi ?

— Ça, répond Courbet, ça, c'est de la.....!

Je n'écris point le mot, mais Courbet le répétait avec fracas.

— Ah ! bah ! vraiment ? fait alors le père, en es-tu ben sûr ? Eh ben ! mais alors, si t'en es si sûr que ça, NOUS ALLONS VENDRE ENCORE UN CHAMP !

Et il s'en va content.

N'est-ce pas que c'est beau et grand cette foi robuste du paysan en l'infaillibilité du fils de sa chair ?...

*
* *

Étayé sur ce dévouement, Courbet put s'obstiner, s'imposer, parvint.

Il a été incontestablement une des grandes

figures, un des initiateurs de la peinture contemporaine.

Il est venu au moment opportun pour endiguer le romantisme débordé. Il a ramené vers l'observation la sincérité, la réalité; réveillé l'amour de la nature, y compris ses vulgarités, par opposition aux excès inventifs des fougueux cavaliers d'idéal de 1830; ainsi que Delacroix avait débridé toutes les extravagances de la ligne et de la couleur, en haine des froides conventions de l'école de David.

Aujourd'hui que la politique a surmené l'attention publique, une période artistique est imminente; il y a lieu d'espérer que le maître futur aura une admirable formule, étant obligé, pour dominer, de résumer les qualités de ces trois grands chefs.

Revenons à l'homme et au pittoresque de ses verrues.

***

J'ignore s'il eut en sa jeunesse des heures de fougue, d'emportement. Je ne l'ai connu qu'à la fin de l'Empire; à ce moment il paraissait lourd, envahi par la graisse, épaissi.

Ses journées se suivaient, pareilles.

Couché tard généralement, il s'arrachait tard aussi, vers les neuf heures, aux discutables douceurs du lit de fer où il reposait dans un coin de son atelier.

Cet atelier — je crois qu'il n'en eut jamais d'autre à Paris — était situé à l'entre-sol d'une vieille maison de la rue Hautefeuille, aujourd'hui disparue. Le vitrage en donnait sur une cour, et la lumière y tombait crue et triste, arrêtée au milieu de la pièce, ébauchant confusément, dans le fond, les toiles délaissées, les châssis brisés, les cadres hors d'usage abandonnés pêle-mêle avec quelques vieux meubles sans valeur envahis par la poussière.

En manches de chemise, bretelles pendantes, l'homme errait par l'atelier, traînant ses savates, arrêté tour à tour devant chaque chevalet, grattant par-ci, retouchant par-là, n'attaquant que rarement une toile blanche.

Puis venait l'heure du déjeuner, qui le menait près de là, rue des Poitevins, chez son ami Laveur, à la table d'hôte où se sont assis, peu ou prou, tous les étudiants d'alors.

L'après-midi était le moment du travail réel, qui durait jusqu'au dîner.

Puis il retournait chez Laveur, y faisant de longues stations, le samedi surtout, où le *Dîner Courbet* réunissait autour de lui la foule des camarades, les Toussenel, les Charton, les Dupré, les Vallès, les André Lemoyne, etc...

C'est alors qu'il fallait voir, les manches retroussées, son bras blanc et gras étalé sur la table, Courbet se fourvoyer dans les discussions où trébuchaient à chaque pas son ignorance et son débit empâté! Les flagorneurs, qui toujours pullulent autour des célébrités, encourageaient sa jactance. Il chantait, au dessert, des romances de sa composition, dénuées de rimes et de bon sens, sur des airs à lui, prétendait-il, et qui n'étaient que des souvenirs.

Je me rappelle ceci :

> Mets ton chapeau de *paille*,
> Ta robe rayé-*bleu*,
> Avec ton ruban *blanc*
> Autour de ton cou *brun*.

— Bigre! fis-je, quand il eut entonné ce singulier quatrain, voilà de la poésie de coloriste!

Il m'en voulut longtemps de mon irrévérence.

Un autre soir, il courut haletant vers Montmartre, arriva en sueur au bal de l'Élysée, se laissa tomber sur une chaise et fit demander Métra, qui conduisait l'orchestre.

— *Ecoutais!* fit-il, aussitôt que le musicien des *Roses* l'eut rejoint.

Il croyait avoir trouvé une « nouvelle *Marseillaise* » et se mit à glousser un long *trou lou lou* rappelant, comme air, la valse du *Lauterbach*.

En temps ordinaire, il achevait sa soirée aux brasseries, chez Andler ou à la *Suisse*; puis, à l'heure de la fermeture, en été, pendant les nuits tièdes, allait prolonger sa veille sur un banc du boulevard Saint-Michel, où son ombre énorme inquiéta d'abord les sergents de ville, qui finirent par s'y habituer.

J'arrive à la colonne.

L'idée du déboulonnement (mon *idaie*,

prononçait-il), qui lui avait poussé en septembre 1870 et qui n'avait alors excité aucune réprobation du gouvernement de la Défense, ardent à répudier tout souvenir des Césars; l'idée était-elle restée clouée en son crâne, ou s'était-elle envolée? Je ne sais. Cependant, il n'en avait plus reparlé; ce n'est pas lui qui en détermina l'exécution. Je crois qu'il assista au renversement de la colonne, mais en simple spectateur.

C'est, je pense, le mot *déboulonner* qui avait dû le séduire. Un mot inconnu, nouveau, tombant dans la cervelle de Courbet, y faisait du ravage, y causait une obsession, comme le bourdonnement d'un hanneton dans une cruche.

Il me scia, tout un soir, en me répétant à chaque minute :

— Faites donc « un tel » en Torquemada! Torquemada, Torquemada, Torrrr...!

Ce mot lui roulait sous le front et l'incendiait, sans autre motif que sa sonorité.

On voit que je fais la bonne part de ridicule à celui qui fut mon professeur pendant quelques mois.

Il est bon de rappeler maintenant qu'il a fait les *Casseurs de pierres*, la *Vague*, le *Combat de Cerfs*, la *Remise de Chevreuils*, tant d'autres merveilles!...

Où est donc passé l'*Enterrement d'Ornans*, que, pendant la Commune, j'avais fait apporter au Luxembourg?

Courbet, cette masse engourdie et fruste, avec une vision saine et un bel instinct puissant, a rayonné sur la peinture contemporaine et lui a imposé sa marque.

Il a su garder l'indépendance, la liberté de ses sensations; tel il était, tel il s'est rué tout entier dans son effort, et c'est pourquoi peut-être il aura quelque jour en son pays une statue que ne déboulonnera pas la postérité.

On peut sourire en notant les faiblesses de l'homme; il faut s'incliner respectueusement devant l'œuvre toujours vivant, toujours fier du maître.

LE VOL

Que fait, seul, avec cette chatte endormie à ses pieds, dans cet étroit gis molbos encombré de meubles fanés, ce jeune garçon de dix-sept ans, aux longs cheveux, le coude appuyé sur une table, un livre à images, le *Musée des Familles* ou le *Magasin pittoresque*, ouvert devant lui?

Il ne lit pas. Ses yeux ardents et fixes poursuivent, dans l'espace, une des mille illusions de son âge. Il est devant la vie ouverte à peine, incertain, enthousiaste de tout, vigoureux, plein de désirs non encore formulés.

Tout à l'heure, il lisait. A quelques pages de distance, il a trouvé successivement les portraits de Vincent de Paul, de Jean Bart, de Mandrin. Il connaît leur histoire. Son cerveau bouillonne : il voudrait être grand, lui aussi : grand apôtre, grand soldat, grand bandit; éblouir par la charité, se colleter avec la tempête, ou turlupiner le préfet de police, qu'importe, pourvu qu'il rayonne!...

A-t-il eu le temps de peser le bien et le mal? Il est bachelier; cela suffit-il pour avoir une conscience déterminée? Il a eu le prix de gymnastique; il « forçait le douze » au « saut de mouton »; la tête est chaude, le muscle dur : il s'agit de plaire aux femmes, d'étonner le monde, — voilà tout!

Comme il fait triste en ce réduit! Par la fenêtre, on ne voit que le pavé de la cour où l'herbe pousse, et un pan de mur gris, plein de moisissure, où s'adosse une pompe en fer.

Il est enfermé. Il ne connaît du monde que le collège qu'il a quitté, et sa tante qui l'a recueilli, une vieille demoiselle, une sainte, s'il y a des saintes, mais qu'épouvante cette besogne d'élever, de sauvegarder un grand garçon en rut. — Pourquoi faut-il que les enfants grandissent?... Son petit Louis, elle voudrait qu'il fût toujours « le petit Louis »; elle le nommera ainsi jusqu'à ce qu'elle meure.

Elle est dévote; elle va demander à Dieu l'inspiration; deux fois par jour, elle part pour l'église. Et, chaque fois, elle ferme la porte à clé derrière elle.

Une vieille colombe qui protège un jeune loup aux dents serrées et blanches!...

Il rêve : avoir des éperons, des bottes de

buffle comme d'Artagnan, le fer qui sonne à la hanche de Hernani, le rayon qui dore la chevelure de Raphaël, la chaîne aux pieds, comme Christophe Colomb,... épouvanter, ricaner comme Cartouche, être roué ensuite,... être crucifié comme Jésus, mais adoré!...

Il rêve : le monde est à deux pas, tout proche, vivant, hurlant, grouillant, avec ses passions, ses batailles, sa gloire, ses filles, ses ivresses!... Et ce marteau du chaudronnier Bonafé qui retentit de l'autre côté de la rue, chantant sa chanson dorée et sonore... qui l'appelle!

— Ah! on étouffe ici.

Il se lève, promène un regard sombre sur les murs, les armoires, les hardes, les souvenirs, les vieux portraits décorés d'un brin de buis flétri...

Dans un coin de la chambre, il y a deux

commodes, l'une sur l'autre; la tante, à l'étroit dans son refuge, a empilé les meubles; elle n'a rien voulu aliéner de l'humble héritage. Il ouvre les tiroirs, les fouille... Quelle est cette vieille tabatière? Il l'ouvre : dans la tabatière, il y a deux pièces de monnaie jaunes, jaunes comme les yeux de la chatte qui s'est éveillée et l'observe; de l'or! du vieil or d'économie, tout ce que possède la pauvre femme, sans doute, deux louis.

Il en prend un, referme violemment le tiroir, se redresse, repousse d'un coup de pied la chatte qui file en miaulant; ouvre la fenêtre, enjambe l'appui ; au risque de se tuer, gagne la terrasse en s'accrochant aux aspérités du mur, atteint l'escalier, s'enfuit.

Le voilà dehors, envolé, libre!... L'air est vif, les passants vont et viennent; il lui semble qu'on le regarde. Que va-t-il faire?... il n'a ni faim, ni soif; il est ivre, ivre de son vol. Cette pièce d'or, au fond de sa poche, lui brûle le creux de la main; l'atmosphère à ses oreilles bourdonne comme un train de chemin de fer en marche. Où aller? avec qui? Ses anciens camarades de collège? ils sont riches, lui pauvre : il serait moqué, humilié!... Il ira droit devant lui, à l'aventure! Tiens! la barrière; on lui en a toujours fait un tableau épouvantable, de cette barrière où le peuple s'amuse. Pourquoi? Les gens n'y sont pas fiers; il y a d'autres grands gamins. Il y va.

Ce n'est pas le vrai peuple qui paresse par là... Des vagabonds, de faux ouvriers, curieux de frotter leur cuir à cette peau délicate, l'emmènent boire, lui font changer sa pièce : on ne le quitte plus, il a de quoi payer.

L'heure passe... Il entre dans un bastringue où ses longs cheveux, sa joue imberbe, le font regarder singulièrement; des voyous à casquette écrasée, au poil gras plaqué aux tempes, ras au crâne, l'appellent « tante ».

Tante!... elle est là-bas, bien triste, bien accablée sans doute; elle s'est aperçue de la laide action de son neveu; elle se dit en sanglotant qu'il finira mal!...

Lui, on le bouscule, on le fait sortir; il faut se battre : voilà qu'il a reçu un coup de couteau sur la main; cela n'est rien. Mais il fait nuit noire. Seul de nouveau, il erre longtemps par les boulevards extérieurs muets. Écœuré, meurtri, la fièvre le prend; sa poche est vide, il grelotte...

Le matin lentement blanchit les toits. Combien de temps a-t-il marché ainsi sans voir le chemin?... Maintenant, il est dans son quartier : l'instinct l'a ramené : voilà sa rue. Les boutiques s'ouvrent; on le regarde passer honteux, défait, les vêtements en désordre; on le connaît, le petit Louis : des regards étonnés le suivent. La demeure qu'il fuyait hier est ouverte; allons !... il en franchit le seuil, tête baissée, traverse la cour, monte l'escalier en étouffant ses pas. La porte est entrebâillée : dans l'entrebâillement, la chatte arrêtée le regarde venir; elle fixe sur lui ses yeux, ses deux yeux jaunes.

Il arrive, — oh! comme son cœur bat! — d'un doigt tremblant, il pousse la porte qui cède...

Elle n'a pas dormi non plus, la vieille tante; elle est là, debout, toute droite, petite, en deuil, et si pâle!.. Elle ne fait point de reproche; elle dit seulement ;

— Ah! vous voilà,

Alors lui, le misérable enfant, il succombe, ses jarrets fléchissent : il s'abat sur les genoux.

Et la pauvre femme enveloppe de ses bras chétifs ce fils de son frère, qui vient de la faire tant souffrir. Et ils pleurent longtemps ensemble...

Et le petit Louis se relève honnête homme pour toujours, — oh! oui, pour toujours!

PORTRAITS APRÈS DÉCÈS

Oui, mon cher ami, il est de moi, ce croquis que vous avez trouvé un soir chez l'Auvergnat de la rue Serpente, au milieu de la ferraille et des verres cassés ; quant au profil qu'il représente, je ne l'ai pas connu vivant.

Avant d'avoir conquis ma part de pain au soleil, j'ai crayonné beaucoup de ces dessins lugubres, *Portraits après décès* ; c'était, je crois, une spécialité dans le quartier pauvre que j'habitais alors, et l'on en retrouverait quelques-uns par-ci, par-là, dans les mansardes ouvrières. Du reste, je ne regrette pas que le besoin de gagner ma vie m'ait placé souvent en face de ces têtes de trépassés : le doigt de la mort, en les modelant pour l'éternité, leur imprime d'étranges grimaces, de singuliers sourires. Pour le métier que je fais, à présent, ce sont là de bonnes études.

Celle que vous avez retrouvée, que j'ai vue l'autre jour à votre mur dans un petit cadre noir, porte la date lointaine de 1865. Il y a eu de l'ouvrage pour moi dans ce temps-là. Le choléra, dont j'avais peur, m'a fait vivre à peu près un an, ma foi !

Les gens tombaient comme des mouches. La photographie coûtait cher, on me savait pauvre et peu exigeant : — Allez chercher l'artiste de la rue Neuve-Guillemin !

L'artiste était au bain froid. Une fois au moins, chaque jour, entre deux brassées, j'entendais le baigneur crier mon nom. Eh !

houp! J'étais hors de l'eau, ruisselant comme un caniche. Courir à ma cabine, m'essuyer dans mes hardes, c'était l'affaire d'un moment, et j'étais au « client ». Je le suivais, quel qu'il fût, dans les greniers, dans les galetas, dans les petits logements d'ouvriers; j'arrivais après le médecin, après le prêtre; je laissais en partant cette consolation de ceux qui restent : un souvenir du visage des êtres disparus. Et j'ai souvent fait crédit. Tenez, le dessin que vous avez, il ne m'a pas été payé.

Dans la petite rue noire, étroite où je demeurais moi-même, c'était un pauvre homme de menuisier dont la femme était morte en quelques heures. J'entrai timide et furtif, conduit par un voisin; il me reçut gravement et avec embarras, parlant bas, me regardant avec des yeux qui remerciaient déjà.

C'était une grande misère. Il y avait une chaise préparée en face du cadavre; je tirai une feuille de papier et je commençai. Le voisin s'en était allé.

— Vous n'y verrez peut-être pas assez, monsieur?

— Très bien ; merci.

La fenêtre était fermée, les rideaux, tirés. Sur la table de nuit, couverte d'un grand mouchoir blanc, on avait déposé l'eau bénite et la branche de buis dans une soucoupe fêlée. Tout près, deux chandelles fumaient en guise de cierges, éclairant la morte mal couchée dans un lit de bois peint, disloqué aux jointures. Autour le taudis était noir. A peine on distinguait confusément les lignes misérables du mobilier : une table, une commode en bois blanc, quelques ustensiles de cuisine abandonnés, aux angles desquels la lumière vacillante mettait des tons rougeâtres. Et dans le coin, au fond, les deux yeux du veuf qui était au pied du lit.

Le dessin avançait lentement. C'était un vilain métier, rude et triste.

Au dehors, pas un bruit : cette rue, démolie aujourd'hui, était déserte, morne; quelques rares passants, jamais une voiture. Il n'y avait dans le silence que la respiration entrecoupée de l'homme : je ne le voyais pas pleurer, je l'entendais sangloter en dedans. Ils aiment bien leurs femmes, ces gueux-là !

Et je continuais à copier les froides lignes du visage mort, les cheveux plaqués aux tempes, la peau collée à l'os, le nez pincé, la bouche restée tordue d'avoir vomi son dernier râle, et les prunelles ternes avec le regard étonné des yeux qu'on n'a pas fermés. C'est une chose étrange et particulière aux cholériques qu'on ne peut baisser leurs paupières.

Il y avait une odeur âcre qui m'épouvantait ; je ne sais si l'homme s'en aperçut :

— Monsieur, me dit-il, voulez-vous que j'aille chercher du chlore ?

Je le regardai : il avait les dents serrées, la peau de son visage tremblait, les larmes allaient jaillir. Je répondis : — Non.

Nous restâmes là une heure encore, moi, le cœur serré, respirant le moins possible, songeant aux opinions contradictoires des médecins, à la contagion, aux miasmes, observant la décomposition rapide et l'horreur grandissante ; lui, toujours immobile sur sa chaise. Il ne se leva que deux ou trois fois pour moucher les chandelles dont le suif coulait en larmes jaunes.

Le dessin était fini ; je le lui présentai.

— Oui..., oui..., fit-il, et il fut presque heureux, une seconde. Puis, comme j'avais pris mon chapeau et mon carton :

— Pardonnez-moi, monsieur, fit-il, en me reconduisant sur le carré, je n'avais pas osé vous dire..., vous n'auriez pas voulu tirer le portrait..., voilà déjà bien du temps que je ne travaille pas...

— Ne parlons pas de cela, lui dis-je; plus tard... c'est bon... au revoir, monsieur.

Je retrouvai le jour et la respiration dans la rue.

Et au bain froid, tout de suite! Jamais je n'ai été déshabillé plus vite. Je grimpai l'échelle, et... une... deux... trois... pouf! Du haut de la girafe, mon cher! Ah! l'eau était bonne!

Aujourd'hui encore, ces pauvres têtes mortes me reviennent en mémoire et je les vois grimacer parfois sous le crayon, dans la bouffissure des heureux, des puissants du jour, de ceux que je dessine à cette heure.

Et c'est peut-être la cause de cette mélancolie que vous avez su lire à travers la gaieté bouffonne de mes caricatures.

CHARENTON

uissé-je, en appelant l'attention publique sur un fait personnel de peu d'importance, faire pénétrer l'examen, l'enquête, le contrôle en ces établissements qu'on décore hypocritement du nom d'*asiles*.

J'ai déjà dit en plusieurs endroits que j'aimais la Belgique et que j'y allais fréquemment. J'aime ce pays de lumière blanche, de claire verdure, où le peuple est nul, sans ambition, sans guerre, sans enthousiasme, sans talent, sans esprit et sans caractère. Je m'y sens vivre et penser plus clairement qu'autre part. Puis, tout autour sont les Flandres, pays de religion artistique, où la mémoire des maîtres se mêle aux reliques bariolées et pittoresques des guerres espagnoles.

Donc, vers le mois d'octobre 1881, j'étais à Bruxelles, et, selon mon habitude, j'étais allé saluer, à Anvers, le fauteuil de Rubens, enseveli dans sa cage de verre; le puits de Quentin Matsys, qui déroule en l'air ses volutes forgées sur la place de la cathédrale; j'avais payé 50 centimes le droit de faire découvrir la *Descente de croix* de Rubens, et, vers quatre heures de l'après-midi, je repris la route de Bruxelles.

Une voiture me conduisit jusqu'à Malines; là, le cocher manifesta le désir de ne pas aller plus loin. Je le quittai, je cherchai à le remplacer, je n'y pus parvenir; Malines est un bourg mort. Je pris donc le parti de franchir à pied la distance qui me restait à parcourir, et je me mis en route. Cette distance est de trois lieues à peine ; il me fallut toute la nuit et le jour du lendemain pour en avoir raison. Il faut dire que, vers cinq heures, le ciel s'était couvert de nuages noirs, et qu'un vent terrible s'était mis à souffler, déracinant les arbres, ébranlant les toits, fauchant les herbes.

Assez mal renseigné sur la route à suivre, je me mis donc à errer par la plaine, buttant aux monticules, roulant aux fossés, chutant aux ruisseaux ; au bout d'une demi-heure, j'étais en guenilles et couvert de boue.

Le vent me jeta tout à coup sur un arbre donc le choc m'étourdit et me fit ricocher dans une mare ; en me relevant j'aperçus deux yeux flamboyants fixés sur moi. C'était un loup.

Je crois l'avoir tué d'un coup de canne.

A l'aube blanchissante, quelques chaumières m'apparurent encore endormies, la plupart dévastées par l'ouragan; j'y frappai. Les paysans stupides me regardèrent avec terreur, donnant tous les signes de la plus vive agitation et refusèrent de m'ouvrir; ce n'est que beaucoup plus tard que j'ai compris qu'ils me prenaient pour un fou.

Je continuai donc et j'atteignis enfin les portes de Bruxelles. J'y vis un fiacre, j'y voulus monter; le cocher, sans explication, me rejeta sur le pavé; je lui déchargeai ma canne sur les épaules et j'en hélai un autre. Il pouvait être huit heures du soir.

Celui-là me conduisit à l'hôtel de Termonde; mais, aussitôt arrivé, il exigea le prix de sa course, refusa de venir le chercher à deux pas de là, chez un ami, et me fit conduire au poste, où d'ignobles employés qui, je l'espère, ont été depuis jetés à la porte, me firent passer la nuit au violon.

Le lendemain, sans que j'y comprisse rien, deux hommes, qui étaient alors mes camarades, Gil-Naza et Stoëquart, vinrent me chercher en voiture et me conduisirent à Ever, dans un asile d'aliénés.

C'est ma première étape.

Le premier moment de stupéfaction passé, je repris mes sens; j'examinai l'entourage, assez propre. Un vieux, qui se disait roi de tous les pays, m'offrit le trône de Belgique, dont il ne se souciait plus, puis me quitta pour aller souffleter lentement et méthodiquement un idiot qui chantait en bavant.

Je restai là vingt-quatre heures, assez mal traité. J'ai subi la cellule et la camisole de force.

Puis Vallès vint me chercher; un matin, avec une voiture. Le soir, à huit heures, j'étais à Paris; je couchai chez moi.

Comment se fait-il qu'après avoir repris mon train habituel, déjeuné chez Brébant, dîné chez Marguerite, je fus accosté, dans la rue, par des individus qui me menèrent à la préfecture? Là encore je fus enfermé pendant une heure en cellule, puis je vis M. Macé, qui me causa familièrement, et me parut un homme intelligent et agréable.

Vers minuit, autre fiacre. Cette fois, on me dépose à Ville-Évrard, un asile de gâteux. Vingt-quatre heures. De Ville-Évrard à Sainte-Anne. Encore vingt-quatre heures. Et enfin, en m'annonçant la liberté, dernière voiture, qui me conduit à Charenton, qu'on appelle Saint-Maurice, par euphémisme sans doute.

Cette bâtisse, divisée en cinq ou six ailes

et surmontée d'une chapelle à fronton, regarde l'espace du haut des collines.

Elle a des prétentions au monument et se carre, muette et farouche, enceinte d'un fossé. Des corbeaux y voltigent sur les toits plats à l'italienne. Ils attendent les cadavres.

De là-haut, la vue est vaste et magnifique. C'est la vallée où viennent confluer la Seine et la Marne. L'été, c'est un poudroiement d'or, un fourmillement de verdure admirable en toute cette étendue; l'hiver, c'est une solitude nue, froide et mélancolique. J'arrivais en automne : j'eus des aurores pourprées, lilas, et des couchants d'or tout mon soûl. Mais les grilles se croisent partout, et l'on voit la nature comme un poisson, à travers les mailles d'un filet.

L'établissement de Charenton se compose

de dix-huit divisions, dix pour les femmes, huit pour les hommes. Toutes sont établies sur le même modèle : une rangée de cellules enveloppant une cour entourée d'arcades. Pour mon début, on me séquestrait à la huitième, la division des agités, des fous dangereux ; je ne pouvais pas être mieux servi. Je m'attendais donc à vivre dans une tempête de cris, de coups, de vociférations, de bonds désordonnés, d'extravagances. Quelle ne fut pas ma surprise en me trouvant dans un groupe de seize à dix-huit personnes parfaitement recueillies, reposées et bien portantes. A peine deux fous.

L'un d'eux s'appelait S... C'était un boucher de province. Telles étaient sa maigreur, son étisie, sa faiblesse, qu'à peine se pouvait-il tenir sur les jambes. Deux garçons l'étayaient de chaque côté pour l'aider à marcher et pour le faire manger. Entre chaque bouchée, le misérable était pris de hoquets et d'horribles vomissements de sang.

L'infortuné n'avait aucune colère; il se bornait à gémir d'une voix triste, lamentable, épuisée :

— Pourquoi suis-je ici?...Oh! là là!...Oh! là là!

Un beau matin, vers trois heures, il mourut, et l'on étendit son corps décharné sur la table d'amphithéâtre.

. . . .

. . . .

Je ne vois plus que des êtres intelligents et paisibles : Sylvis, ancien diplomate, taillé en hercule; Laudart, un joyeux soldat, capitaine d'infanterie; Cossonel, qui a peut-être un grain, car il se prétend investi d'un pouvoir occulte et forcé de rester pour accomplir sa mission jusqu'au bout; Richemont, le plus distingué des musiciens gentilshommes.

La maison marche à la cloche; à chaque instant on entend une sonnerie, qui indique telle ou telle fonction de la journée.

Tout le monde sort dans la cour, quelque temps qu'il fasse, pendant qu'on prépare les tables.

Un autre coup de cloche rappelle à table les pensionnaires.

Deux repas par jour, le café au lait ou le chocolat le matin.

On se lève à cinq heures et demie. La cloche éternelle se met en branle; un vieux embouche un clairon et y souffle un simulacre de diane. Les portes s'ouvrent avec un grand fracas de clés. Chaque détenu ramasse ses hardes, jetées dans le couloir la veille, et s'habille.

Presque aussitôt, café au lait; à huit heures et demie, la visite du médecin.

Il s'avance, suivi de son état-major d'internes et de surveillants, passe rapidement devant chacun et ne s'arrête que pour signer une feuille où il a prescrit les différentes ordonnances.

— Je ne comprends pas, me disait-il, pourquoi l'on vous a arrêté à Bruxelles; il y a un mystère là-dessous.

Comme s'il n'était pas plus stupéfiant de voir Paris séquestrer de parti pris et indéfiniment un homme que la maison d'Éver, du moins, avait relâché après examen.

Sa visite est éternellement pareille.

— Comment allez-vous?

— Très bien, docteur.

— Vous ne dessinez pas?

— Non, docteur, j'ai le malheur de ne

savoir travailler avec fruit qu'en liberté.

— Vous avez tort. Vous nous prouveriez que vous pourriez reprendre vos travaux une fois libéré.

— Je ne vous prouverai pas cela. D'ailleurs, cela conduirait à un système déplorable.

— Comment cela?

— Certainement. Il suffirait de mettre la camisole à tous les hommes de talent, puis de leur dire : Maintenant, faites-nous un chef-d'œuvre pour nous prouver que vous n'êtes pas fou.

— Monsieur Gill, vous avez trop d'esprit.

— Cela fait compensation pour ceux qui n'en ont pas assez. D'ailleurs, Victor Hugo a trop de génie, César avait trop de gloire, Jésus, trop de bonté.

Tous ceux qui ont quelque chose l'ont trop pour ceux qui ne l'ont pas du tout.

C'est pour cela qu'on les enferme; ce qui n'empêche pas les esprits généreux de rechercher les mêmes qualités, quitte à en mourir aussi.

— Allons, donnez-lui un bain.

Voilà ce qu'on a pour faire diversion à la vie qui s'écoule lentement, bêtement, sans incidents ni distractions. La plupart entrent intelligents et, petit à petit, s'atrophient, deviennent stupides.

J'ai frémi en entendant un vieillard accuser cinquante-quatre ans de présence dans ce bouge.

Que de forces perdues! Que de cerveaux annihilés! Mais quoi! nul ne s'en occupe.

Sans doute, la maison est considérée comme infaillible et la moindre question relative à ses œuvres serait considérée comme déplacée.

Messieurs nos gouvernants ont probablement d'autres chiens à fouetter.

C'est dommage! Il y aurait cependant là de quoi jeter un grand cri de justice, d'humanité, une belle page à écrire dans l'histoire parlementaire, un grand nombre d'âmes et de cerveaux à tirer du gouffre immonde où les laisse pourrir l'indifférence de la société ventrue!

EUGENE VERMESCH

En feuilletant chez l'éditeur Charavay, l'autre soir, un manuscrit posthume de ce condamné mort en exil, sa physionomie m'est réapparue dans le souvenir...

Lors de ma prime jeunesse, un beau matin, nous vîmes entrer, dans l'hôtel où je vivotais en compagnie de quelques étudiants, un garçon de vingt ans, blondasse, râpé, nez en quête, chapeau sur l'oreille, qui semblait un composé de Gringoire et de Panurge.

Le carabin qu'il venait voir nous le présenta :

— M. Eugène Vermesch, poëte.

La maison, rue Vavin, maison aujourd'hui détruite, était précédée d'une cour plantée d'arbres, sous lesquels on dressait en ce moment la nappe de la table d'hôte. Invité à prendre sa part du déjeuner frugal, Vermersch, à la hâte, engloutit quelques bouchées, puis, c'était là sa préoccupation, tira de ses poches quelques feuillets imprimés fraîchement, et commença de nous jeter à la tête ses élucubrations.

Ce qu'il nous lut, c'était les *Lettres à Mimi*, une brochure qu'on a vue se faner parmi tant d'autres sous les galeries de l'Odéon, l'inévitable vagissement de la vingtième année en ce temps, une ritournelle ressassée en l'honneur de la grisette idéale, ce mythe évanoui.

La guitare d'Eugène en valait une autre du même genre, pas plus. Difficilement, sur cet échantillon, l'auteur eût obtenu le moindre brin du « vert laurier » dont Banville est dépositaire; mais il montrait un rêve si pareil au mien, de si bon cœur enfilait le chapelet des hémistiches, que tout d'abord il me fut sympathique, et qu'aujourd'hui encore, je me rappelle en souriant sa tête enthousiaste, renversée en arrière, laissant pendre les cheveux, ses longs yeux doux filtrant une lueur charmée, les trois fils d'or de sa moustache, et le geste de sa main, qu'il avait belle, envolé à la suite des rimes dans la brise qui, là haut, chantait à travers les arbres, et semait des fleurs d'acacia dans nos verres.

Ce qu'un autre, plus expérimenté dès lors, aurait pu lui reprocher, c'était un manque de personnalité, une assimilation trop flagrante; ses vers, pas mal faits d'ailleurs, sonnaient trop clairement l'écho des Béranger, des Musset, des Mürger. Pas de notes individuelles. Par là, il manquait au premier devoir de l'homme, et surtout de l'artiste, qui est de se montrer soi-même afin de rendre fidèlement à l'œuvre les virtuosités originales qu'il a reçues de la nature.

Mais tant d'autres ont réussi et sont honorés pour une pareille lâcheté de tempérament, que je ne saurais en faire un crime à Vermesch. D'ailleurs il en est mort. Oui, feu Vermesch est une victime du pastiche, et je le montrerai tout à l'heure.

Depuis son débarquement du pays, Lille en Flandre, il vivait rue de Seine, en une chambre d'hôtel qui l'abrita jusqu'à l'heure de la fuite, c'est-à-dire neuf années environ.

Partout, sur les meubles détraqués, sur le

vieux divan, sur le carreau, des montagnes, des écroulements de livres et de brochures qu'il empilait sans cesse. La demeure en était encombrée; ce que Vermesch a lu de l'écriture des autres est incalculable. Il ne se plaisait qu'en ce fouillis d'imprimés ou aux discussions esthétiques. J'insiste sur sa fidélité au logis, parce qu'elle indique, à mon sens, un besoin de recueillement et d'intimité propre aux natures tendres et inoffensives.

C'est donc là, dans cet amas de bouquins amis, que Vermesch, les yeux humides, le nez au ciel, incessamment en proie au vœu littéraire, improvisait, déclamait, remâchait des vers et des morceaux de prose, inspirés toujours par l'admiration des maîtres qu'il ne cessait de lire.

Entre temps, il flânait à gauche ou à droite, sous l'Odéon ou sur les quais, bouquinant, poussant des reconnaissances dans les bureaux de rédaction du *Hanneton* ou d'autres feuilles de cette valeur, et y laissant gratis le « fruit de sa veine ».

Pas d'autre souci. La médecine, qui lui avait servi de prétexte à gagner Paris, était depuis longtemps délaissée. Sa mère, veuve, lui servait une petite pension. Ses goûts étaient sobres. Je crois qu'il était heureux. Sa mère mourut.

Du mince héritage qui lui revint, — une quinzaine de mille francs, — il confia la presque totalité à son ami Victor Azam qui depuis... mais qu'importe? — à son éditeur et ami Victor Azam qui, lancé à la Bourse, devait amplement et rapidement faire fructifier le magot. On ignora toujours le détail des opérations triomphantes qui s'ensuivirent; ce qui est certain, c'est que Victor Azam ne rendit à son ami et collaborateur que les *coquilles*... des typographes de son imprimerie.

Alors ce fut la misère.

Je l'ai revu en ce temps, couvert d'un paletot de poils qui devint légendaire, coiffé d'un feutre avachi, courant les librairies, les bibliothèques, les journaux, sans plainte, mais amaigri, inquiet, affamé. C'était fini de rire à la Muse. Il fallait tirer le pain quotidien de ce qui n'avait été jusqu'alors qu'amusements et dilettantisme. Un reste de la vanité qu'avaient fait éclore les faciles applaudissements des camarades lui raidissait l'échine, le rendait peu sympathique aux marchands de copie.

Cependant il trouva quelques maigres débouchés, mit en œuvre ses procédés d'assimilation, travaillant beaucoup, mais obsédé toujours de la manie d'imitation qui avait daté ses débuts, ne trouvant rien de bien neuf, de saisissant, et, avec beaucoup d'érudition et conscience, perdant son encre.

Il ne faudrait point cependant dénier à Vermesch tout mérite littéraire. Ses *Hommes du jour* et ses *Binettes rimées*, deux volumes inspirés de Banville et Monselet (toujours le pastiche), montrent des qualités d'ironie et de finesse qui, en une autre époque, eussent suffi à la fortune d'un débutant.

J'ai rompu des lances et en romprai encore contre quiconque pour la défense des huitains, ballades et stances qui composent le *Testament du sieur Vermesch*. Malheureusement, l'idée du *Testament* est à Villon, et sa forme, à tout le monde un peu; c'est égal! je ne sais rien de plus tendre et de plus accompli que les strophes à *Rachel*, qui commencent ainsi :

> Si de l'or flâne en mon gilet,
> Qu'on le porte chez Rachel, fille
> Qui reste seule, sans famille
> Et loge près du Châtelet.

> Elle est jolie et mal famée,
> Elle a l'œil bleu, grand et moqueur.
> Et c'est, des reines de mon cœur,
> Celle que j'ai le mieux aimée.

De même pour l'ode héroïque qui ouvre et ferme le volume. Il y a incontestablement dans ces vers, en dehors de la facture, imitée de Hugo, un mouvement et un souffle, un lyrisme difficiles à rencontrer autre part, dans le prétentieux fatras des rapsodies modernes.

Vermesch avait de la nature, de la volonté, du travail, surtout de l'enthousiasme, une émotion sincère. Encouragé, sans doute il eût pris son vol plus audacieusement, plus librement dans l'art, se fût débarrassé des chaînes qui rivaient son effort à l'admiration servile du passé. Tout l'ont ignoré, dédaigné. L'amertume est venue : la destinée, obstinément, lui refusait place. Il a fallu, pour qu'on l'aperçût, — et à quelle lueur! — qu'il écrivît : le *Père Duchêne!*

Et dans quel but? Dans quelles circonstances? Mourant de faim, après le siège; pour, avec son flair de journaliste et son procédé coutumier d'adaptation, arracher un succès avec un morceau de pain à l'actualité, pour essayer d'un pastiche au goût du jour. Je vous dis que c'est le pastiche qui l'a perdu!

Vermesch, en ressuscitant le *Père Duchêne*, j'en suis certain, n'a pas, une seconde, prévu son importance folle et ses effroyables conséquences.

Il a voulu pasticher Hébert, comme il avait pastiché Villon, Rabelais, Hugo, Leconte de l'Isle, etc...

Est-ce à dire que je veuille l'absoudre? Non! Mais j'interviens contre les traditions exagérées qui transforment en épouvantes éternelles des aventures niaises, et du premier jobard mal inspiré font un spectre terrifiant et gigantesque.

Vermesch, indécis, chétif, timide et bayant aux étoiles, n'aurait pas tué une mouche, comme on dit.

Mettons plus souvent au jour vrai la physionomie réelle des réprouvés de la tradition. Cela, sans doute, ne diminuera pas le mal qu'il ont pu faire ; mais, du moins, éteindrait-on cette auréole de damnés dont l'imagination les affuble, qui est une sorte de gloire aussi, et qui peut tenter les hallucinés de l'avenir.

Un mot de Vermesch pour finir et prouver son inconscience en tant que fauteur du *Père Duchêne.*

Aux premiers jours de juin, comme les massacres de la répression duraient encore, il était réfugié, rue du Four-Saint-Germain, dans une de ces admirables familles dont rien ne désempare la charité.

C'est là que je le vis.

Dans la rue, les soldats allaient et venaient; les vigilances de la répression se multipliaient.

Tout à coup, tranquillement, Vermesch parla d'une course à faire dans les environs, d'une visite, à deux cents pas, disait-il, l'affaire de dix minutes.

— L'affaire de la mort, malheureux! m'écriai-je. Tu seras fusillé en arrivant sous la porte!

Et il me répondit :

— DE QUEL DROIT?

Il n'y avait qu'à hausser les épaules jusqu'au plafond et à se taire; c'est ce que je fis.

Il ne sortit pas du reste; on le fit évader;

il alla s'engloutir dans le brouillard de Londres.

En 1871, il écrivait, parlant de ses regrets, de sa douleur d'expatrié : « Si cela dure, je mourrai. »

Cela a duré huit ans pour lui.

Et, l'année dernière, on l'a enterré dans un coin du sol anglais. Par un beau temps, les journaux l'ont dit. Pour un jour, le ciel de Londres était bleu. Il faisait du soleil comme en France.

LE NAIN

SOUVENIR DU PAVÉ LATIN.

uisque Jean Richepin, mon excellent camarade et confrère, a nommé dernièrement dans ses articles Astezani, je veux, en souvenir de l'intérêt que nous inspira jadis cette ébauche macabre, essayer d'en évoquer la silhouette tordue et touchante.

Je l'ai peint d'ailleurs, autrefois, grattant sa mandoline, assis au milieu des fleurs, et j'ai conservé la toile; il est là devant moi, tandis que je noircis ce papier; il me regarde écrire.

Il doit être peu de Parisiens de ma génération, j'entends des Parisiens de la rive gauche, des amoureux de l'Odéon et du Luxembourg, de ce beau quartier paisible, parfumé, naïf, où mourut Michelet, où vieillit Sainte-Beuve, où Hugo fut jeune, où l'enthousiasme naît, où se repose la gloire; il doit être, dis-je, peu de mes contemporains qui n'aient, le soir, en ces dernières années, tressailli, sursauté même en apercevant tout à coup dans l'ombre, à hauteur des genoux, une sorte de gnome transparent, surmonté d'un chapeau de haut tuyau, semblable à un poêle en marche.

Barbu, bourru, couvert d'un manteau loqueteux, frappant le trottoir d'un bâton court, proportionné à sa taille, l'être, au moment même où l'on allait marcher sur lui, poussait un sourd grognement. Le passant, effaré, sautait de côté, et, dans l'espace resté libre, le nain passait avec un ton fanfaron.

C'était Astezani qui trottait au travail ou en revenait, selon qu'il était huit heures ou minuit. Son travail c'était la musique; le gonflement qu'il avait au côté droit sous son manteau, équilibrant sa bosse, était causé par une mandoline qu'il portait amoureusement serrée à son flanc difforme; une antique et jolie mandoline florentine, au manche arrondi en volute, fanée, recuite, couleur de vieille orange.

Il arrivait des profondeurs de la banlieue, rêveur, grommelant, grincheux, livrant, du bout de sa canne, des combats aux chiens indiscrets qui le venaient flairer, gagnait le boulevard Michel et se haussait aux vitres des cafés.

Quand il réussissait à atteindre le bouton de la porte, il entrait.

Astezani était connu. Sitôt qu'il paraissait, les filles de service l'installaient sur un siège.

Lui, impassible, avec un feu de mépris dans l'œil, se laissait faire; on le hissait, on le calait.

Et alors, après quelques minutes pendant lesquelles il s'efforçait de s'isoler, le bout d'homme commençait de gratter son jambon.

Le silence aussitôt s'établissait profond, respectueux.

Je m'intéressai à ce monstre de génie; je le suivis, le fis parler, le fis poser; il était exigeant et demandait, pour poser, cinquante sous de l'heure.

J'appris qu'il était propriétaire, à la Butte-aux-Cailles, d'une masure qui lui rapportait cinquante sous par semaine.

Je voulus le diminuer, le réduire au prix habituel des modèles.

Il se fâcha et ne revint plus.

J'allai le chercher; il était mort; je vis sa veuve, car il avait femme et enfants. La femme était aveugle.

LA CHARGE DE M. THIERS

Je l'écris pour l'ahurissement des provinciaux : je n'ai jamais vu M. Thiers. Je l'ai, à ma façon, dessiné cinq cents fois peut-être ; je ne l'ai jamais vu.

Cela tient probablement à ce qu'il en est de mon humble individu comme de la plupart des Parisiens qui, peu soucieux de leurs monuments, laissent volontiers s'écouler la vie sans s'inquiéter de savoir si l'obélisque a une porte et sans gargariser d'ascensions exténuées la colonne.

Je n'ai pas enjambé le petit Thiers. Cet aveu fait, je n'ai plus qu'à exaspérer les peintres fanatiques de la copie méticuleuse du modèle, en déclarant qu'il me semble avoir mieux fait pour dessiner Thiers de ne le pas voir, et que, par ce moyen, j'ai mieux tenu compte de la légende et servi au public une silhouette plus conforme à ses idées préconçues.

J'ai eu l'honneur d'obtenir un soir, à dîner, l'approbation du grand Hugo pour cette parole.

On a le droit d'être laid jusqu'à trente ans; plus tard, la laideur est haïssable, car elle ne vient plus de la nature, mais du caractère. Thiers n'était pas absolument laid, mais petit, grincheux et bourgeois.

C'est la bourgeoisie qui lui doit des statues ; le peuple ne lui doit rien ; au reste, il a eu soin de donner la mesure de sa tendresse pour le peuple à Transnonain et en mai 71.

Le Mirabeau-mouche, l'élève de Talleyrand, Pickochole, disait Castille, Foutriquet, disait le maréchal Soult, sans foi politique, ajoutait Cormenin, mais avide de pouvoir, non pour le bien qu'il peut faire, mais pour celui qu'il procure, le trafiquant, avec Simon Deatz, de la duchesse de Berry, M. Thiers a bu largement et peut-être immodérément à la coupe d'une popularité qui faisait fausse route.

J'ai la satisfaction d'avoir, au cours de mon œuvre modeste, osé parfois dépailleter sa robe de prophète et montrer l'étincelle méchante qui crépitait au fond de ses lunettes. Le faux-col de Prudhomme se hausse de lui-même aux oreilles et à la mâchoire de ce partisan du pape, de cet ennemi de Proudhon et des chemins de fer. Le pli de sa lèvre serrée a le tranchant du sabre.

Est-ce à dire que la mémoire de M. Thiers usurpe la grande place que lui a concédée l'histoire ? Non ; mais j'ai trouvé un peu vaste pour lui le manteau que lui a taillé le peintre Vibert dans le drapeau tout entier de la France. Il eût suffi du moindre lambeau du haillon sublime qui couvre l'Humanité.

LETTRE DE POPULOT

A SON COUSIN BIBI.

PENDANT que ces muffes-là digèrent ou tripotent des machines de Bourse en disant qu'il n'y a pas de question sociale, pour n'avoir pas à s'en occuper, je te vas l'expliquer en deux temps, moi, la question sociale, mon vieux Bibi.

Tu vas voir qu'y a pas besoin de grands mots ni de grandes phrases, ni de se f... des torticolis, ni d'avaler tant de verres d'eau sucrée pour dire une bonne fois ce qui tombe sous le bon sens du premier venu.

Quand t'es venu au monde, est-ce que t'as demandé à faire partie de la société? Non, pas vrai? Une fois sevré, t'avais devant toi tes quatre pattes pour en faire ce que tu pourrais. Si t'avais été d'âge à choisir, t'aurais peut-être préféré la vie sauvage, les bois, les fleuves, le grand vent, la chasse, la pêche, et un coin de terre à toi, car la terre a de quoi donner un coin à chacun de ses enfants.

Mais pas du tout. On t'a pigé au débuché du ventre de ta mère, inscrit, catalogué. Ton couillon de père et ta pauvre dinde de mère n'ont pas pipé.

Ça y était : t'étais de la société. C'est-à-dire que t'étais engagé, forcé d'aller te faire casser la gueule à vingt ans, sans savoir pourquoi, que tu seras forcé de payer des impôts à jet continu jusqu'au trou.

Pour t'imposer ces devoirs-là, quand t'as pas encore les yeux ouverts, qu'est-ce qu'elle te fourre en retour, la société?

Rien du tout. Débrouille-toi et casque! Ah! si t'es le fils d'un proprio, chouette! ça va bien; t'as qu'à te laisser aller : tu peux être crétin de naissance, te croiser les pattes, biturer le Cliquot, te boucher la gueule avec des truffes et te ramollir la colonne avec les filles. C'est ton droit; t'as le sac; ton père te l'a laissé, qui l'avait peut-être bien hérité aussi. Y a comme ça des bandes de fainéants qui se pondent les uns les autres pendant des siècles, et qui n'ont pas autre chose à faire que de s'empiffrer du sac qu'a volé le premier de la bande.

Car il y a ça d'esbrouffant, qu'on te fait avaler comme un miel, depuis le commencement des commencements, que les morts, avant de crever, ont le droit de disposer à tort et à travers de l'argent qui devrait être uniquement aux vivants, pour faciliter leurs transactions et leurs relations; en sorte que le capital, qui devrait être mobilisé perpétuellement, s'endort dans les mains des fainéants, des égoïstes, des ventrus. Comme si l'homme, après sa crevaison, avait droit à autre chose que de pourrir avec tous les autres atomes abolis de l'humanité. Comme si tout le monde, en ce monde, ne devait pas travailler pour soi, puis, en quittant le jeu, rendre tout à la masse, pour aider le jeu des nouveaux !

Comme si l'on avait droit, parce qu'on s'est enrichi dans sa vie, de modifier, quand on n'est plus rien sur terre, la destinée des vivants : sous prétexte qu'on a un faible pour ceux qui vous sortent de la cuisse, — ce qui n'est jamais bien sûr. Qu'on jouisse en sa vie de ce qu'on a su acquérir, rien de plus juste ; mais encore après sa mort, c'est monstrueux.

C'est pourtant comme cela ; et il se passera des siècles encore, sans qu'on ose toucher à l'hérédité qu'est le plus noir des crimes de lèse-humanité.

Oui ! voyons : deux enfants qui naissent, l'un au premier, l'autre au grenier, ont-ils même droit devant la nature et la vie ?

Autre chose que la somme et la qualité de leurs facultés et de leurs vertus doit-il les distinguer dans la suite ?

Le fils du galérien vient au monde aussi fier que le fils de l'empereur ; peut-être, est-il mieux doué pour l'utilité publique.

Il n'aura cependant que la honte, la misère, l'éternelle suspicion ; s'il est orphelin, la prison qui avilit, jusqu'à la majorité !

Puis une balle de fusil dans quelque champ de bataille ou le cabanon des maudits.

L'autre, cependant, nagera dans le bienêtre, se vautrera dans les jouissances de toute sorte et se croira d'essence supérieure parce qu'il aura reçu le jour et l'héritage d'un cochon gras.

Crève, enfant du pauvre; tu avais peut-être l'âme de Jésus, le génie de Hugo. Tant pis! Crève!

POPULOT.

L'OUVRIER BOULANGER

UAND Paris dort, quand, sur le pavé des rues mouillées où se mire la lune, on n'entend plus que le pas cadencé des sergents de ville; quand toutes fenêtres sont closes et qu'à peine on voit encore étinceler d'ici, de là, dans les hauteurs des mansardes, la lampe obstinée d'un studieux ou d'une ouvrière qui veille, avez-vous entendu quelquefois, dans la nuit, jaillir du sol comme un râle puissant et rhythmique?

Alors, sans doute, le cœur serré d'angoisse, ignorant la nature de ce bruit, vous avez marché, guidé par le son; vous êtes arrivé près d'un soupirail ardent, ouvert à fleur du trottoir, et, plongeant le regard dans la cave flamboyante et grise de poussière, vous y avez vu, comme une vision d'enfer, des hommes demi-nus, rouges du feu des fours, se courbant, se tordant avec le vent de la nuit sur l'échine, soulevant entre leurs bras nerveux une pâte épaisse et pesante, puis la rejetant au pétrin avec le *Han!* d'angoisse arraché par l'effort.

Ces hommes sont les geindres. Ils pétrissent le pain.

Le geindre n'est pas seul. Il est aidé par le mitron : l'un pétrit, l'autre enfourne et pèse. Ils commencent ensemble, à sept heures du soir, et finissent à trois heures du matin. Ensemble aussi, la farine en poussière les étouffe; la nécessité d'être debout incessamment les afflige de varices. Il n'est point rare de voir les jambes du geindre trouées de crevasses. En général, il meurt jeune et poussif.

A ce prix il conquiert, pendant sa courte existence, une maigre part de ce pain tant gaspillé par les uns, tant convoité par les autres, qu'il boulange en râlant pour le monde, et qu'il remonte, après la besogne finie, dévorer dans son taudis, plus pâle que la cendre du four éteint.

TABLE DES MATIÈRES

Préface.
Histoire d'un melon 1
Le Musée du Luxembourg 11
Jules Vallès 25
Feu le bœuf gras 41
Actes en vers 53
Pauvres censeurs 65
L'inflexible Piétri 75
Sermon de carême 89
Clément Thomas 101
Le Modèle 113
A l'École des Beaux-Arts 125

TABLE DES MATIÈRES

Le Tableau de Marcel	137
Le Chauffeur	147
Gustave Courbet	155
Le Vol	171
Portraits après décès	181
Charenton	189
Eugène Vermesch	203
Le Nain. Souvenir du pavé latin	217
La Charge de M. Thiers	223
Lettre de Populot à son cousin Bibi	227
L'Ouvrier boulanger	233

CHARLES LEROY

LE COLONEL RAMOLLOT

PRÉFACE
PAR E. CARJAT

Illustrations de
**E. MORIN
FERDINANDUS**
etc., etc.

1 VOL. IN-18
(*douzième mille*)
PRIX : **5** FRANCS

PRÉFACE
PAR F. CARJAT

Illustrations de
**RÉGAMEY, SCOTT
HANRIOT
LUIGI LOIR**, etc.

1 VOL. IN-18
(*douzième mille*)
PRIX : **5** FRANCS

A. POTHEY

LA MUETTE

Illustrations et Eau-Forte de KAUFFMANN

1 VOL. IN-18
PRIX : **5** FRANCS

BIBLIOTHÈQUE ILLUSTRÉE

POUR FAIRE RIRE	POUR CES DAMES
GAULOISERIES CONTEMPORAINES	NOUVELLES PARISIENNES
Eau-Forte et Dessins DE **KAUFFMANN**	Eau-Forte et Illustrations DE **KAUFFMANN**
1 vol. in-18.	1 vol. in-18.
PRIX : 5 FRANCS	PRIX : 5 FRANCS

ERNEST D'HERVILLY

TIMBALE D'HISTOIRE A LA PARISIENNE
Eau-Forte et Dessins de RÉGAMEY
1 VOLUME IN-18. — PRIX . . . . 5 FRANCS.

Mme OLYMPE AUDOUARD	DE PODESTAT
SILHOUETTES PARISIENNES	LA COMÉDIE AU BOUDOIR

C. MARPON et E. FLAMMARION, Éditeurs

PARIS — RUE RACINE, 26, ET GALERIES DE L'ODÉON — PARIS

Envoi franco *contre mandat*

BIBLIOTHÈQUE ILLUSTRÉE
Volumes in-18, avec Eaux-Fortes et Illustrations dans le texte

E. CHAVETTE

LES PETITES COMÉDIES DU VICE
Gravures et Eaux-Fortes par BENASSIT (*Quinzième mille*).
1 VOL. IN-18. — PRIX : 5 FRANCS.

LES PETITS DRAMES DE LA VERTU
Deuxième série des PETITES COMÉDIES DU VICE
Eau-Forte et Dessins par KAUFFMANN (*Huitième mille*).
1 FORT VOL. IN-18. — PRIX : 5 FRANCS.

LES BÊTISES VRAIES
Pour terminer les PETITES COMÉDIES DU VICE

www.ingramcontent.com/pod-product-compliance
Lightning Source LLC
Chambersburg PA
CBHW060129190426
43200CB00038B/1895